Jacques Garcia

propos de words by
Jacques Garcia

transposés par adapted by
Franck Ferrand

traduits par translated by
Charles Penwarden
John Herrick
Christine Schultz-Touge

photographies photographs
Yvan Moreau

création graphique design
Marc Walter

Jacques

Garcia

MODERNE

Gallimard

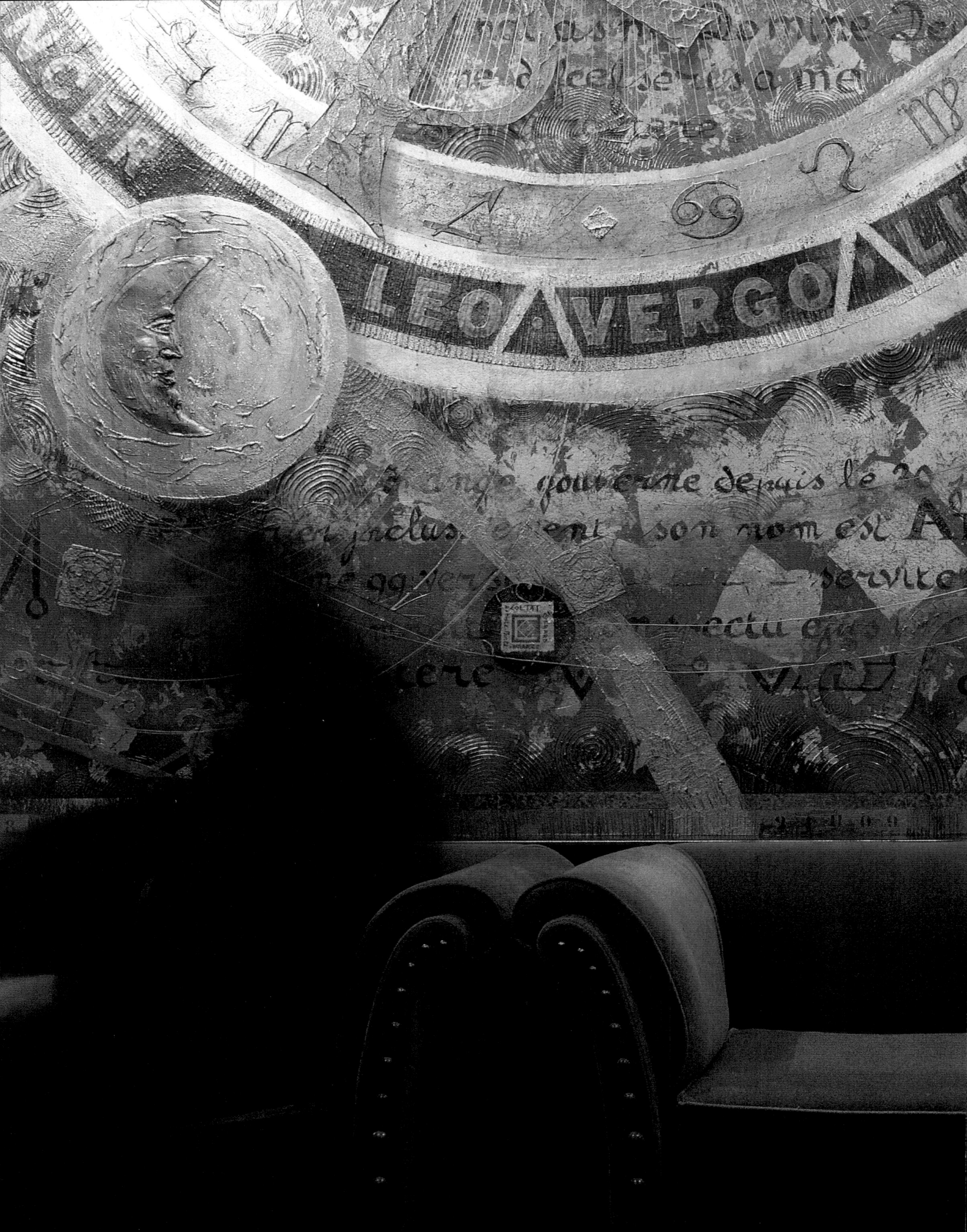
LEO
VERGO

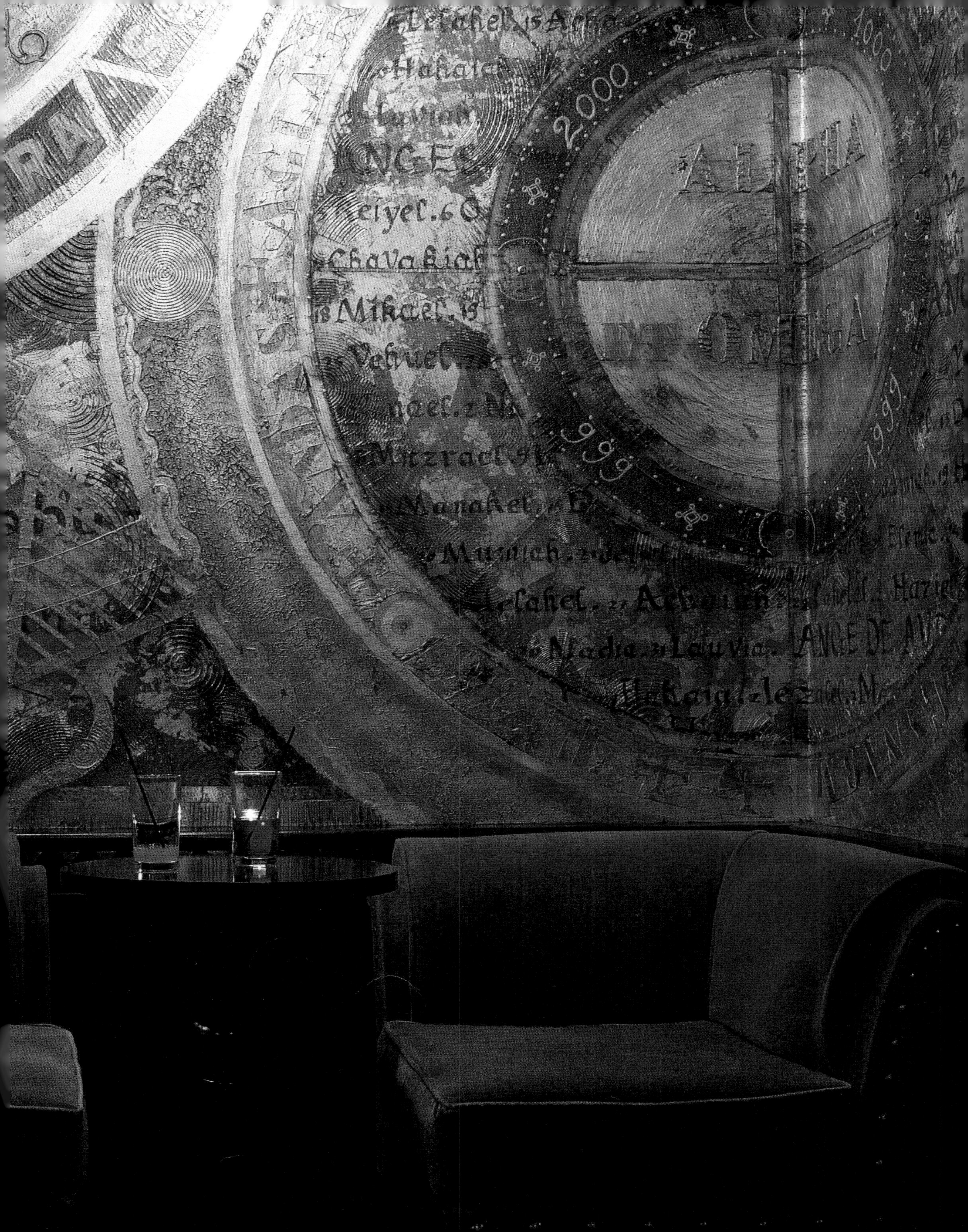
2000
1000
Mikael
Manakel
1999
999
Lauvia
ANGE DE

sommaire contents

15   la réserve

35   danube

51   le paris

63   l'avenue

77   le passage

87   ruc

99   le murat

109   medici

117   l'esplanade

129   fouquet's

139   la grande armée

151   barsey-hyatt

159   ladurée

171   hôtel du bourg-
        tibourg

185   l'hôtel

209   hôtel costes

233   casino de montreux

245   deauville
        hôtel royal
        hôtel normandy
        casino

263   hôtel majestic

278   adresses addresses

280   remerciements
        acknowledgements

Never has the depth of his imagination been better paraphrased than by Proust's observation made in the last volume of his *Remembrances*: "An hour of my life does not pass without me realising that vulgar and erroneous insights attribute everything to the material world of objects when the essence, in fact, resides in the spiritual." The spirit of place, the spirit of time, the spirit of things: these are the issues that most concern this man, so eloquently expressed by the variety of his designs, the profusion of styles and the overabundance of objects. Objects…

To observe him hold in his arms a heavy chair, a large lamp, a frame that dwarfs him, and to watch him position them *manu militari* so that they communicate with each other; to follow him in his magical exchange with the surroundings as he reshapes space into both a dream and a reality, one can only note that he is that rare individual who can make the world of material objects sing while eliciting from it unforeseen harmonies.

Some forms go well together; that's the way it is. They get along or they don't. Others, on the contrary, repel each other because they seem shaped to conflict and contrast. The same is true for materials, colours and all that composes reality. Yet he possesses, to the highest degree I have ever known, that subtle and precious ability to unite things which fit well together and to harmonise those that do not.

Jamais le fond de sa pensée n'a été mieux traduit que par cette phrase de Proust, au tome ultime de sa *Recherche* : « Il n'est pas une heure dans ma vie qui n'ait servi à m'apprendre que seule, la perception grossière et erronée place tout dans l'objet quand tout est dans l'esprit. » Esprit des lieux, esprit des temps, esprit des choses : voilà ce que notre homme cherche à serrer au plus près, à travers la succession des décors, la profusion des styles, la surabondance des objets. Les objets…

A le voir prendre à bras le corps un siège pesant, une grosse lampe, un cadre trop grand pour lui, et les changer de place *manu militari* pour les faire se répondre entre eux, à le suivre dans ce rapport magique qu'il entretient avec le volume environnant, avec l'espace redessiné par lui en songe ou en réalité, l'on se dit forcément qu'il est de ceux qui font chanter la matière, et peuvent tirer d'elle des harmonies inespérées.

Certaines formes vont bien ensemble, c'est comme ça ; elles s'aiment si l'on peut dire. Et d'autres au contraire se repoussent parce qu'elles semblent nées pour se haïr. Il en va de même des matières, des couleurs, de tout ce qui compose le réel. Lui, possède au degré le plus haut qu'il m'ait été donné de connaître, cet art subtil et précieux de marier ce qui veut s'aimer et de jouer avec ce qui s'affronte.

Que cette disposition inouïe s'applique à d'autres domaines, c'est ce qui fait le charme du personnage, et explique en partie pourquoi les gens se sentent si bien en sa compagnie, tellement en harmonie. C'est qu'il en va peut-être des gens comme des choses... On avait, au XVIIIe siècle, un mot pour désigner ce sens indicible des accords informulés ; on appelait cela la « convenance » ; par la suite, on a préféré les convenances et tout était perdu.

Une étrange félicité s'attache donc à ses créations, qu'elles soient libres de toute contrainte, comme dans les jardins du Champ-de-Bataille, en Normandie, qu'elles rencontrent la personnalité de leur commanditaire, dans les décors créés pour des personnes privées, ou bien encore – et c'est ce que montrent ces pages – qu'elles épousent l'ambition de séduire leurs contemporains.

En une vingtaine de lieux publics situés à Paris pour beaucoup, mais aussi à Genève ou New York, vous allez pouvoir investir cet univers où – ce qui n'est pas si fréquent dans le monde – l'esprit domine la matière. Vous y verrez un tas d'endroits rendus merveilleux par le respect essentiel – j'ai envie de dire spirituel – d'une base et d'un fonds qu'il a seulement haussés vers un pallier d'harmonie supérieure.

Saint-Simon disait ainsi du bonhomme Le Nôtre qu'il « ne cherchait qu'à aider la nature, et à réduire le vrai beau aux moins de frais qu'il pouvait ». Si lui n'accorde aux frais qu'une importance seconde, le rôle d'accoucheur des potentialités celées dans la matière est bien celui qu'il a choisi – ou que le destin a choisi pour lui.

That this astonishing disposition should apply to other areas of life is part of his charm, and explains in part why people feel so at ease in his company, so much at peace. That is what most appeals to people about him, among other things. In the eighteenth century, there was a word to describe such informal affinities. One spoke of "convenience." Later, one preferred "conveniences" and the meaning was lost.

Hence, a strange felicity envelops his creations, whether they are free from all constraint, as with the gardens of Champ-de-Bataille in Normandy; or whether they reflect the personality of their patron, as in the designs created for private individuals; or more so – and that is what these pages hope to show – whether they are wedded to his ambition of seducing a larger public.

In twenty or so public spaces located for the most part in Paris but also in Geneva and New York, you will have the pleasure of experiencing a world where the spiritual dominates the material, something that is so often not the case. There you will witness a number of places made magical by an essential – I hesitate to say spiritual – respect for a basis and a foundation that he alone has raised to a superior compensating level of harmony.

Saint-Simon once said of Le Nôtre that he "only sought to assist nature, and to reduce the true cost of beauty as much as possible." If he accords to expenses a secondary role, the part of midwife to the potentialities hidden within the material was his chosen destiny – or perhaps it was destiny that chose him!

Gare à ceux qui, pour aller vite ou par défaut de sens, voudraient enfermer notre créateur dans un style ou dans une époque. Cet homme là se veut libre et détaché des références ; les styles et les époques sont pour lui le moyen de se libérer du quotidien et non de s'y engluer d'une quelconque manière. Comme un pianiste qui connaîtrait ses gammes pour les mieux oublier, lui, connaît ses références pour leur ouvrir des horizons inattendus.

Anciens et modernes se sont toujours renvoyé le balancier du goût, un jour baroque, un jour classique, tantôt rocaille et tantôt grec, puis romantique, éclectique… Si l'on devait donner la tendance de l'époque actuelle, elle serait, après un demi-siècle révolu de modernisme, plutôt dans la mouvance d'un retour aux grandes sources antiques et classiques. C'est bien sûr dans ce courant très général qu'il convient de replacer les créations présentées ici.

Revenons à lui, à ses trouvailles, à ses obsessions, à ses libertés, à ses figures imposées. Si vous voulez avoir une chance de le cerner un peu, il est indispensable que vous dépassiez l'imagerie : on le croit citadin en diable, il est avant tout rustique ; on le dit mondain à tout crin, c'est au mieux un ours fort bien léché ; on le penserait versé dans l'antiquaille, il s'endort tous les soirs sous un tableau de Klein.

Beware of those who, for want of insight or appreciation, would confine this man to a given style or period. He deserves to be free and disassociated from any reference or standard; styles and periods are for him a means of liberating himself from the ordinary and escaping classification of any sort.

The ancients and moderns have always followed the vicissitudes of taste; one day it's Baroque, another classical, another Greek, another Rococo and another Romantic and Eclectic. If we were to characterize the current period, it would be, after a half-century of revolt against modernism: the tendency to return to the origins of the ancient and the classical. In any case, the creations presented here are best situated in that very general trend.

Let's get back to him, to his work, his obsessions, his flights of fancy, his imposing designs. If you are to have the chance to figure him out, it is indispensable that you go beyond the image. If we take him to be a devilish urbanite, he is above all rustic; if we consider him sleek and worldly, he is more like a bear with a golden coat; and if we thought him steeped in the antiquated, each night he sleeps beneath a painting by Klein.

Cela ne définit pas un homme, me direz-vous ; non, mais cela doit vous inciter à ne pas trop vite le réduire à l'image facile que l'on voudrait donner de lui. Sous les dehors très policés d'un monsieur bien élevé, tellement agréable, se cache un gamin plein de hargne et qui prend la vie au collet pour lui faire rendre gorge. Serait-ce une part de son secret ?

Il passe en cet homme une énergie que les Anciens appelaient « enthousiasme », et qui se confondait pour eux avec le souffle des dieux. Dans les pages qui suivent, ce soupir créateur s'est emparé de la langue pour jouer de ses sens connus ou cachés, et créer des formules épousant au plus près la pensée de l'artiste. En les lisant, vous pourriez bien avoir le sentiment de partager son énergie.

Alors, laissons les mots qui se forment à ses lèvres s'envoler à l'aventure, comme les bulles de savon d'un enfant impatient. Les phrases qui les abritent se veulent avant tout spontanées ; elle ont la force et les faiblesses de propos sortis tout uniment, sous l'effet de l'inspiration. J'ai cité Proust et Saint-Simon parce qu'ils lui sont familiers ; je vais encore citer Montaigne avec l'espoir qu'il le devienne pour lui : « Le parler que j'aime, disait cet humaniste, c'est un parler simple et naïf, tel sur le papier qu'à la bouche, un parler succulent et nerveux, court et serré, non tant délicat et peigné comme véhément et brusque. » Bref, un parler venu du cœur. Simple et léger. Déroutant peut-être, voire, pour certains, choquant… En tout cas neuf, tranchant. Moderne.

FRANCK FERRAND

That is not enough to define a man, you will assert. No, but that should persuade you to refrain from reducing him too quickly to the facile image others would impose on him. Beneath the very proper exterior of a well-bred and agreeable man, lurks a playful child so ready to take life by the reins and ride it to the fullest. Would that be part of his secret?

An energy flows from this man – what the ancients called "enthusiasm", which they compared to the breath of the gods. In the following pages, this creative breath has taken on words to express known and hidden meanings, to create a language that would express the artist's very thoughts. In reading them, you too can have the impression of partaking in that creative enthusiasm.

Then, let the words on his lips speak to us from off stage, words that form and then float like an impatient child's soap bubbles. The sentences that give them accommodation are above all spontaneous and have the strengths and the weaknesses of propositions uttered in the inspiration of the moment. I cited Proust and Saint-Simon because he knows them well. Let me now cite Montaigne hoping that he too will become his companion: "The use of language that I prefer", the humanist once said, "is simple and naïf, on paper as on the tongue, a language succulent and tense, short and sharp, not so much delicate and refined as it is vehement and brusque." In short, a language straight from the heart. Simple and light. Perhaps surprising, even for some, shocking. At any rate, new, trenchant. Modern.

FRANCK FERRAND

la réserve

SIMPLICITÉ
TRAVAILLÉE
Simplicity with
sophistication

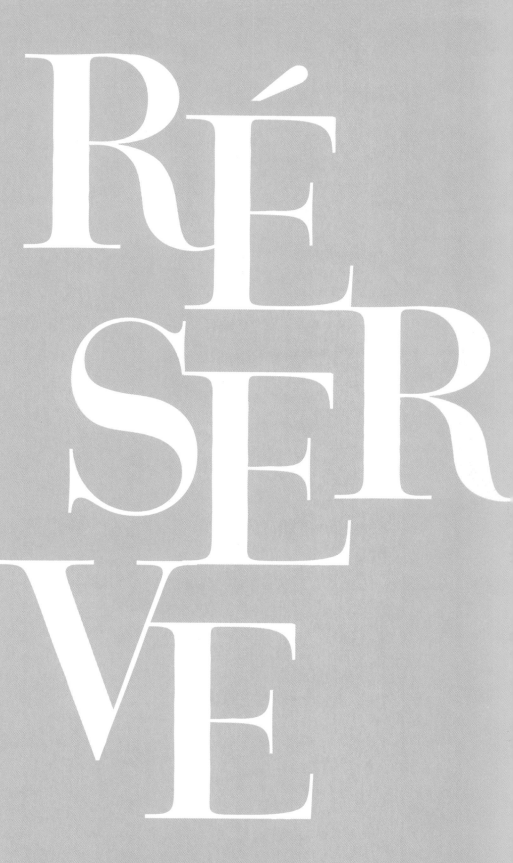

RÉSERVE

La première chose qui me soit venue à l'esprit, en découvrant le site, c'est ce rapport exceptionnel qu'on y trouve entre l'eau et la végétation. Le nom même de « réserve » ne se justifiait pleinement que si l'on était capable de faire sentir ce que le mariage de ce parc fantastique et de ce lac de légende avait d'intime, de reposant et d'exotique à la fois. Quand le site est rêvé, tout le reste doit s'effacer devant cette évidence ; ce que j'ai fait moi-même en jouant la carte de la transparence architecturale, et en offrant, à travers les salons d'accueil, une vision directe sur la végétation et sur l'étendue d'eau.

Le hall, avec ses piles carrées, colossales, dégage des perspectives dans les deux sens. Les boiseries peintes à l'imitation du cuir, surmontées de staffs blanc-et-or, sont ponctuées d'oiseaux multicolores en résine, qui supportent les luminaires et confèrent une touche ludique à l'ensemble. Ainsi, d'entrée de jeu, la vie s'installe dans un lobby chaleureux, fortement habité, voué à la détente et à l'échange.

Il était primordial de recentrer les accès autour d'une seule grande entrée, avec ces cubes végétaux qui donnent le sentiment d'indiquer un cheminement, d'inviter à un certain abandon de soi. Juste en face, une galerie de verre – toujours la transparence – vient relier les deux bâtiments et offre une vue directe sur le jardin conceptuel que j'ai créé autour de murs de végétation préservant l'intimité des hôtes. Ce passage mène vers un ailleurs de plaisirs

The first thing that struck me when I saw the site is the remarkable harmony between the water and the vegetation. The name "Réserve" would indeed be fully justified if we managed to convey the combination of intimacy, restfulness and exoticism to be enjoyed in this union of a superb park and a legendary lake. When the site itself is a dream, everything else must take second place. That's why I went for architectural transparency, and set out to provide a direct view of the vegetation and the water from the reception rooms.

The lobby with its colossal square pillars offers views in both directions. The painted, leather-effect wainscoting, surmounted by white and gold staff, is punctuated by brightly coloured resin birds which support the lights and add a playful touch to the ensemble. Immediately, then, there is a sense of life in this welcoming, very human lobby designed for relaxation and exchange.

Reorganising access around one big, major entrance was key. Here the cubes of vegetation seem to indicate a path, to encourage visitors to let themselves go. Just opposite, a glass gallery – transparency again – connects up the two buildings and affords a direct view of the conceptual garden that I designed around "walls" of vegetation designed to preserve guests' privacy. This passageway leads to an alternative world of pleasures that centres around the indoor swimming pool. The all-white salon contrasts with the purple-violet of the pool and of the ceiling supported by sturdy columns in macassar. The

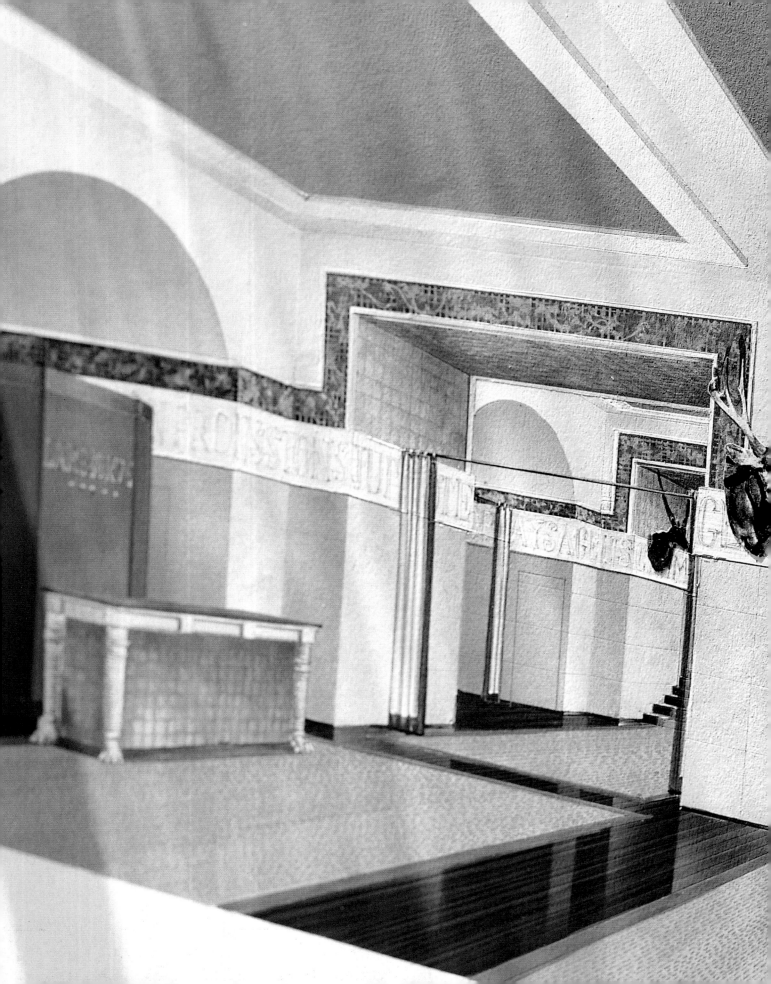

L'ANECDOTE : Il me semblait que la Réserve devait jouer le plus possible sur l'idée – chère à Alphonse Allais – de « mettre les villes à la campagne ». C'est chose faite, grâce au *vaporetto* d'acajou décoré dans la tonalité du reste, et qui fait constamment la navette entre le centre-ville et le ponton de l'hôtel.

ANECDOTE: I thought that the Réserve should make the most of Alphonse Allais's famous idea of "putting towns in the countryside". This has been achieved with the mahogany vaporetto decorated in the same spirit as everything else, which provides a constant shuttle service between the town centre and the hotel pontoon.

LA TOUCHE FINALE : Une belle phrase de Jean-Jacques Rousseau, citoyen de Genève, est insérée dans les staffs dès l'entrée, en hautes lettres latines. On la retrouve un peu partout, mais jamais en entier, ce qui créé une énigme. À chacun de la reconstituer…

THE FINISHING TOUCH: An eloquent quotation from Jean-Jacques Rousseau, "Citizen of Geneva", has been inserted on the staff panelling, starting in the entrance. It is found all over the hotel, but never in its complete form, so visitors are encouraged to decipher and reconstitute it for themselves.

centrés sur la piscine intérieure. Son salon tout de blancheur tranche sur la couleur violine du bassin et du plafond que soutiennent de fortes colonnes de macassar. L'atmosphère relaxante est entretenue par une lumière appropriée, diffusée notamment par de grandes « lampes-méduses » en chaînettes de cristal et passementerie. Les arrivées d'air frais font onduler mollement leurs « tentacules »...

La même volonté de voyage immobile a présidé à l'aménagement des chambres, pour le moins inusuelles du fait du dessin très particulier des têtes de lit. Je les ai voulues empreintes avant tout de dépouillement, de douceur, d'intimité ; et tout leur chic réside dans le contraste entre la simplicité des matériaux et la sophistication de leur traitement.

Les deux restaurants – superposés – avec leurs terrasses sur le jardin, la piscine extérieure et le lac, participent eux aussi à une volonté de dépaysement, de voyage immobile. C'est évident avec le restaurant chinois – une institution locale ; ça ne l'est pas moins sous l'espèce de tente du restaurant continental, où la sobriété côtoie des raffinements extrêmes pour donner l'impression d'un luxe essentiellement provisoire. J'aime l'idée de ces Anglais qui, en pleine savane, prennent leur thé dans de l'argenterie ancienne.

relaxing atmosphere is further enhanced by appropriate lighting provided, among others, by big "jellyfish lamps" comprising chains of crystal and passementerie. Their "tentacles" sway gently in the incoming fresh air.

The same desire to offer an "immobile journey" was at work in the design of the rooms. The singular headboards make these unusual to say the least. What I wanted to create here was an atmosphere of simplicity, gentleness and intimacy. Their chic derives from the contrast between the simplicity of the materials and the sophistication of their treatment.

The two restaurants (one above the other) have terraces overlooking the garden, the outdoor swimming pool and the lake. They too reflect this concern for exoticism, for "immobile travel". This is obvious in the Chinese restaurant, itself very much a local institution. It is equally manifest in the kind of "tent" formed by the continental restaurant, where simplicity joins with great refinement to suggest the impression of an essentially temporary luxury. I love that image of English travellers taking tea with their antique silver in the middle of the savannah.

DANUBE

danube

MARIAGE INTERDIT:
KLIMT ET SISSI
A FORBIDDEN MARRIAGE:
KLIMT AND SISSI

Une valse à Vienne, mais alors revue par l'Amérique. Je me suis glissé dans la peau d'une Scarlett O-Hara décrochant les rideaux pour se faire la robe de Sissi impératrice... Murs par Klimt, fauteuils selon Hoffmann, bronze viennois – oui, mais je ne suis que Scarlett, et ce ne sont jamais que des rideau décrochés... Il n'empêche ; l'idée première, ici, c'est la mémoire de Vienne.

Le quartier, déjà, est merveilleux ; c'est Trebeka. Le chef est un grand nom : David Bouley. Quant aux consignes, elles s'apparentaient à une carte blanche que j'ai teintée de bleu Sécession et d'ors à la Klimt. Comment, lorsque tout est ainsi réuni pour vous faciliter la tâche, ne pas donner le meilleur de soi ?

Pour le décor de la grande salle, j'ai eu à relever l'un des défis les plus inouïs de ma carrière : la pièce est tout simplement triangulaire ! On m'a demandé quels secrets j'avais employés pour en venir à bout : honnêtement, le seul secret là-dedans, c'est qu'il n'y en a pas. Il a simplement fallu que je me choisisse un point de fuite à partir de quoi créer l'infini – ou du moins son reflet...

A waltz in Vienna, but in the American fashion. I slipped into the skin of a Scarlett O'Hara unhooking the curtains to make herself an Empress Sissi gown. Walls by Klimt, chairs according to Hoffman, bronzes by...yes, but I am only Scarlett and these are only unhooked curtains. It doesn't matter. The key point here is the memory of Vienna.

To start, the neighbourhood is wonderful: Tribeca. The chef is renowned: David Bouley. As for the guidelines, I was given carte blanche which I coloured Civil War blue and Klimt gold. Why not give it all you've got when everything's in place to facilitate the task?

For the dining room decor, I was up against one of the most unheard of challenges of my career: the floor plan quite simply was triangular! I've been asked about the secret of my success; and honestly, the only secret is the fact that there is no secret. It was simply a matter of deciding on a starting point for creating the infinite, or at least its image.

L'ANECDOTE : J'ai eu le privilège de recevoir, pour ce décor, le prix du plus bel endroit de la ville, décerné par le *New York Times*. C'était en 1999, et je l'ai vécu comme un encouragement à l'Amérique ; c'est très certainement ce qui m'a conduit à accepter un certain nombre de chantiers qui ont commencé depuis, comme ces deux restaurants pour Jean George à New York, cet hôtel *Victor* à Miami et celui conçu pour Steve Wynn à Las Vegas.

ANECDOTE: For this interior, I had the honour of receiving the *New York Times* prize for the most beautiful locale in the city. That was in 1999, and I experienced it as a great encouragement by America. The award has certainly led me to accept a number of other commissions which have since got underway, for example, two restaurants for Jean George in New York, the Hotel *Victor* in Miami and one proposed by Steve Wynn in Las Vegas.

LA TOUCHE FINALE : J'ai particulièrement soigné la conception d'une certaine treille végétale en bronze doré, qui accueille les hôtes de la Maison dès le vestibule. Il y a là-dedans quelque chose de biblique : pour moi, c'est un signe de vie.

THE FINISHING TOUCH: I was particularly tempted by the idea of a vine crafted of polished bronze, which would greet the guests as soon as they enter. There is something biblical about it: to me, it's a symbol of life.

Le Danube est aux antipodes exacts de l'habituelle standardisation. Tout, jusqu'au moindre détail, a été dessiné en exclusivité pour cet endroit que je voulais absolument unique : les sièges, les tentures, les moquettes, les luminaires, les tables et jusqu'aux couverts ; le moindre détail ici se veut « trois étoiles », afin de se hisser le plus possible à l'altitude où respirent les créations culinaires du grand chef.

Il faut croire que la singularité est riche de séductions ; j'ai remarqué en effet qu'à chaque fois que je m'interdisais, dans un décor, d'utiliser le moindre élément exogène, les gens semblaient le ressentir et s'en trouver bien. C'est moins, me semble-t-il, une affaire de luxe qu'une question d'harmonisation générale autour d'une onde particulière.

The Danube is diametrically opposite to the serialised and standardised. Everything down to the most minute detail was exclusively designed for this locale that I absolutely wanted to be unique: the seating, the colouring, the carpets, the lighting, the tables, even the silverware. The most insignificant detail deserved complete attention in order to raise the atmosphere to the level of the great chef's culinary creations.

It seems that such singularity is seductive. In designing an interior, I have noticed that every time I refrain from using even the least extraneous item, people can sense it and they like it. In my opinion, it's less a matter of luxury than a question of harmony around a particular wavelength.

LE PARIS

le paris

POUR LE PRIX
D'UN CAFÉ...
FOR THE PRICE
OF A COFFEE...

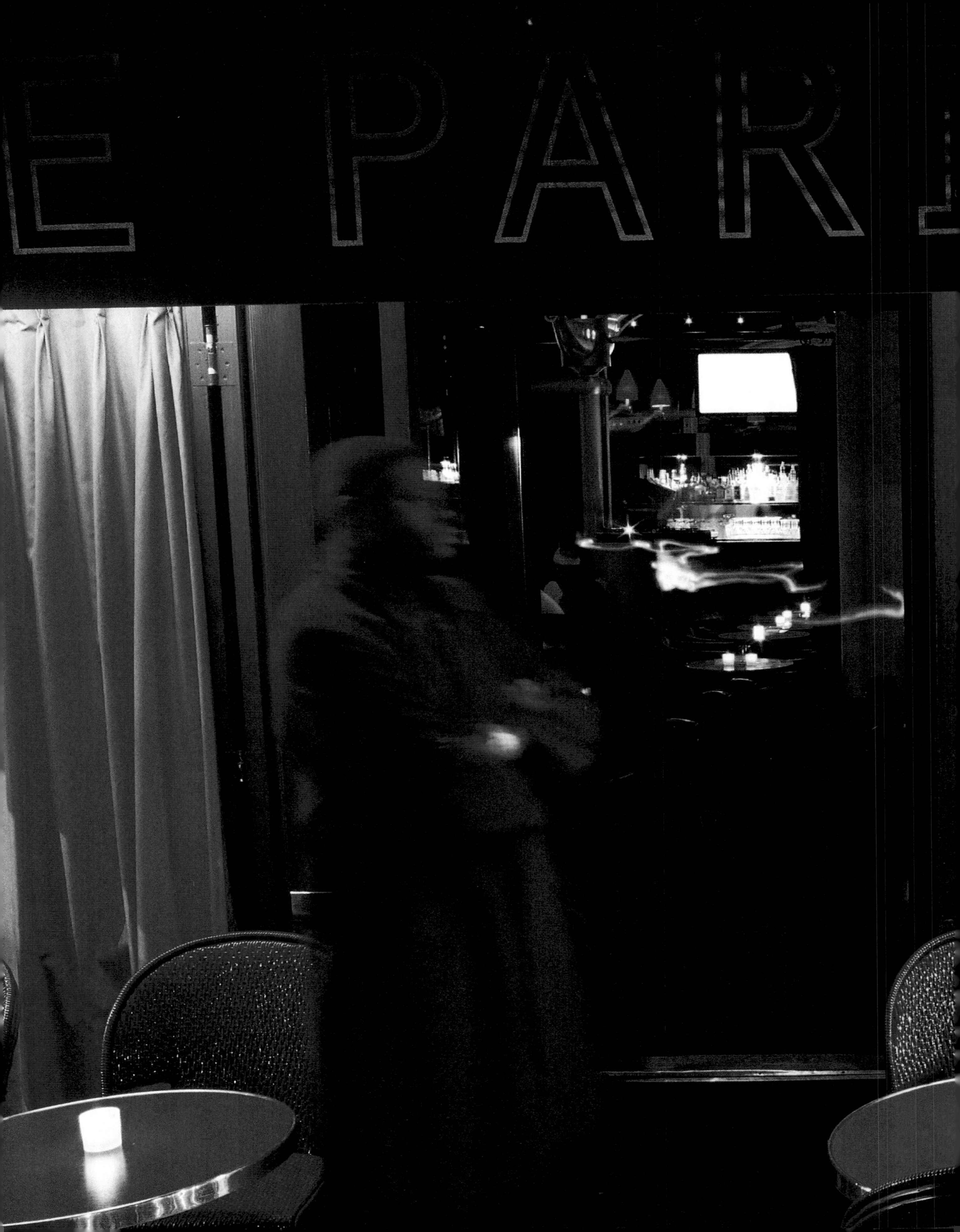
E PAR

Paris dans les deux sens : les challenges et la Ville. Le défi principal était de s'inscrire sans démériter entre *Ladurée* et le *Fouquet's*... J'aurais aimé dédier *Ladurée* aux demi-mondaines du XIXᵉ siècle ; le *Fouquet's* aux stars à part entière du XXᵉ siècle ; le *Paris*, à la jeunesse du XXIᵉ siècle. Dans la rue – ou du moins sur une terrasse comme celle-ci – tout est possible ; pour le prix d'un café, l'on peut s'offrir le sentiment utile d'appartenir à une frange évoluée de la population... C'est peut-être une revanche sur mes dix-huit ans, où entrer chez *Régine* sans montrer patte blanche était mission impossible...

J'ai poussé loin ma volonté de trouver de la grandeur dans cette petite façade, de l'élévation dans cette petite hauteur, de l'espace dans cette surface minuscule. Pour la façade, elle échappe à la mesquinerie par la magie d'une terrasse bleu monochrome, mais déviée de sa monochromie par un éclairage détonnant rouge – rouge et bleu, les couleurs de la capitale.... La hauteur a pu être doublée par la suppression pure et simple des caissons techniques, libérant comme un ciel que j'ai peuplé de lustres-vaisseaux. Quant à l'espace, à défaut de pouvoir repousser les murs, je me suis efforcé de modifier au maximum l'impression que l'on pouvait en ressentir, grâce à tout un jeu compliqué d'éclairages ; on n'est pas très éloigné ici d'un certain illusionnisme.

J'ai dessiné des sièges inattendus, je crois, comme des carènes navales mais en cuir, et soulignées de gros clou-tages ; l'effet produit, c'est celui d'une armada retenue en cale sèche.

Paris both ways: its challenges and the city itself. The principal challenge was to position oneself without having to compromise between Ladurée and Fouquet's. I would have liked to dedicate Ladurée to the demi-mondaines of the nineteenth century, Fouquet's to the stars of the twentieth and Le Paris to the youth of the twenty-first. In a street, not to mention a terrace such as this, everything is possible. For the price of a coffee one can enjoy the illusion of belonging to society's upper crust. This is perhaps my adolescent revenge against Régine's, when walking through the door for a "commoner" was mission impossible. I pushed my vision of eliciting grandeur in this constrained facade to the maximum, of elevating its diminutiveness, of enlarging its circumscribed surface. For the facade, it avoids pettiness by the magic of a monochrome blue terrace while deviating from monotony by an explosive red – red and blue, the colours of the French capital. The height was doubled purely and simply by removing the storage loft, opening it like a sky that I populated with chandelier star-ships. As for the space, being unable to displace any of the walls, I forced myself to modify as much as possible the impression that it gave, thanks to a complicated positioning of the lights. This was not unlike the work of a magician.

I designed some surprising seating, I think, in the form of a ships' hull – but in leather and adorned with large rivets giving the effect of an armada in dry dock.

L'ANECDOTE : Une fois achevées, mes réalisations ne m'appartiennent plus ; ce qui ne m'empêche pas de leur jeter un petit coup d'œil attendri quand je passe devant elles, en voiture. Dans le cas du *Paris*, cela va plus loin ; et j'éprouve chaque fois le même plaisir à guetter l'apparition fugace de son halo violet, comme un havre de pétulance au beau milieu des Champs-Élysées.

ANECDOTE: Once finished, my creations no longer belong to me, but that doesn't stop me from feeling sentimental when I pass by. In the case of Le Paris, the feeling is even stronger, and I feel the same pleasure spying the furtive apparition of its violet halo, like a restive harbour right in the middle of the Champs-Elysées.

LA TOUCHE-FINALE : Je me suis beaucoup amusé à dessiner mes lustres-drakkars, puis à mettre au point l'effet recherché par leur suspension : celui d'une armada vaguement inquiétante, surnageant dans la nuée luminescente d'un matin de brume en mer – *Fluctuat nec mergitur*.

THE FINISHING TOUCH: I thoroughly enjoyed myself when I designed my chandelier star-ships, and finding the right effect when hanging them: the effect of a vaguely unquiet armada swimming in the dusky luminescence of a morning fog at sea – *Fluctuat nec mergitur*.

L'AVENUE

l'avenue

À LA FAÇON

D'UNE ROBE DE DIOR

AFTER A ROBE

BY DIOR

Au-dehors, passage radical du noir au blanc, histoire de ne pas rivaliser avec la tenue sombre obligatoire des rédactrices de mode… Le ton sur ton est à proscrire en tout. Je dirais même que c'était ma manière de les mettre en valeur ! Soyons sérieux : comment une clientèle élégante et légère dans le bon sens, aurait-elle pu s'accommoder d'une devanture proprement funèbre ?

Au-dedans, gros travail sur la base, pour retrouver d'entrée des perspectives rendant le bel escalier central à une obligation de monter… Quant au morceau d'architecture lui-même, je me suis fait un bonheur de l'habiller de la parure indispensable à ce qui, dans mon idée, était censé figurer le point de départ d'un défilé de mode.

Plus que jamais attentif aux « points de couture » et aux « retouches », j'ai voulu que se manifeste ici une certaine ostentation du détail : d'où l'emploi généralisé de la feuille d'or, des galons d'or cloutés d'or, et sur des étoffes nobles avec cela : velours, taffetas rendus plus riches encore par leurs teintes dans les violets et les mauves. Parenthèse ; j'ai noté avec plaisir l'engouement suiviste de tous ces lieux publics qui, dans la foulée, se sont efforcés de marier le vert bronze au violet éclatant…

Why didn't people understand that this place was meant to be superficial? That was the question that immediately popped into my mind. Naturally, when I say "superficial", I mean in the sense of a dress by Dior. The folds and contours and curvature, the geometry and even the structure all pay homage to that great couturier, that master of the world of fashion.

Outside, a radical change from black to white, a matter of not rivalling the obligatory sombre dress of the creators of fashion. Tone on tone is proscribed in every way. I would even say it was my way of emphasising them! Let's be serious: how can an elegant and easy clientele in the good sense of those terms accommodate itself to a positively lugubrious shop window display case? Inside, a lot of work was done in order to immediately create a perspective that renders the beautiful staircase so inviting to ascend. As for the part that is the architecture itself, I indulged a whim to dress it up in those indispensable embellishments which, in my mind, were meant to represent the runway at a fashion show.

More attentive than ever to the "stitching" and the "fitting", I wanted a certain effusion of detail to be apparent; hence the general use of gold leaf, gold on gold braids and other noble accoutrements such as velvet and taffeta, made more luxurious by their violet and mauve tints. Parenthesis: I noted with pleasure the trendy craze of all those public places which, in the wake of my creation, now feel obliged to wed "vert bronze" to brilliant violet.

L'ANECDOTE : On n'est pas seulement passé du noir au blanc, mais aussi du désert à la foule – en huit jours à peine ! Je l'ai compris à cette occasion : un bon décor fait l'essentiel du succès d'un établissement au moment de son ouverture. Après quoi, il faut que tout le reste suive. Comme je dis parfois à mes commanditaires : « Moi, j'attire le chaland ; à vous de le retenir. »

ANECDOTE: We didn't just change from black to white, but also from empty to full – in only eight days! I understood at that point: a good decor is essentially responsible for the success of an establishment from the moment of its opening. After which, all else must follow. As I say sometimes to my clients: "My job is to attract the customers; yours is to keep them."

LA TOUCHE FINALE : Je suis assez satisfait de l'effet produit par mes lustres néo-Louis XIV en plâtre. Je ne sais pas, d'ailleurs, si cette appellation est très juste ; peut-être, après tout, n'ont-ils plus de Louis XIV que l'idée que je m'en suis faite…

THE FINISHING TOUCH: I am somewhat satisfied with the effect made by my neo-Louis XIV chandeliers in plaster. I'm not sure, by the way, that this is the right name; perhaps, after all, they are no more Louis XIV than the idea I had of them.

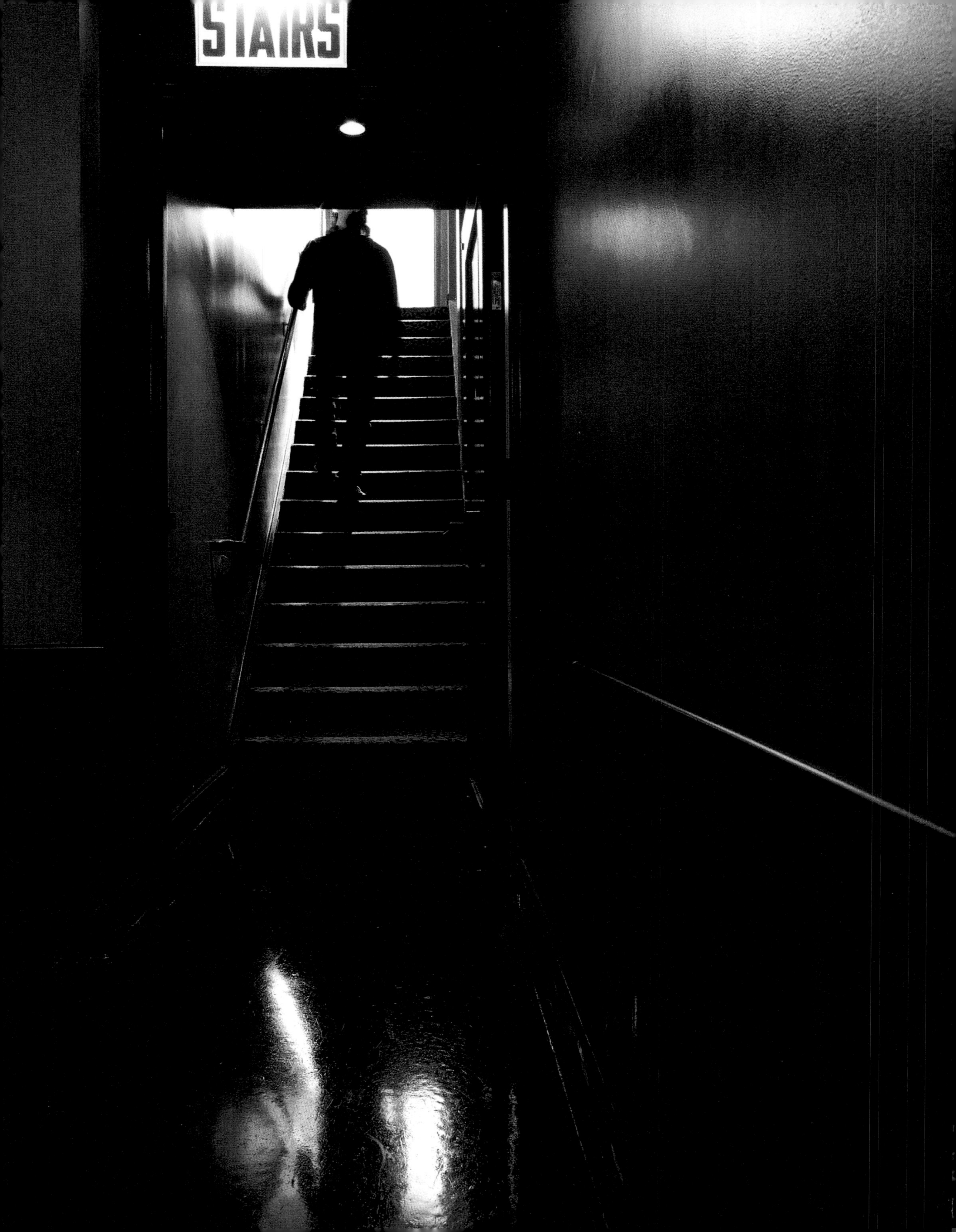
STAIRS

PASSAGE

le passage

Un lieu qui s'impose : Chicago. Un nom prédestiné : le Passage. Et le double sens entre mystique et interdit. Pour moi, cette ville de Chicago est indissociable du souvenir d'Al Capone et de l'époque de la prohibition.

Il y a quelque chose, là-dedans, qui ouvre sur le mystère et sur la transgression . C'est pourquoi j'ai trouvé bien de faire un décor qui transcende l'interdit et l'ésotérique, en vue de créer le rapprochement de deux choses impossibles : le mal-être de la prohibition dans les plaisirs du mysticisme. Délectation morose... Pour moi, la boîte de nuit, c'est l'interdit – l'interdit, c'est le plaisir.

Nous ne sommes jamais que dans le premier sous-sol d'un ancien garage ; d'où l'absence de toute hauteur sous plafond et l'omniprésence de piles énormes. Je suis abonné aux lieux impossibles, mais ça m'arrange ; parce que l'impossible ne peut donner que sur l'étrange.

Je voulais qu'on descende directement, par l'escalier étriqué, vers un monde autre. J'ai fait laquer le sol d'un bleu nuit très brillant, où tout se prolonge par reflet ; c'est bien simple, on descend dans l'eau... L'endroit étant, comme je l'ai dit, rempli de colonnes grossies volontairement et habillées de feuille d'or, cela me fait penser nécessairement aux grandes citernes romaines d'Istanbul.

J'ai fait faire par un artiste, sur des toile peintes à la manière d'un cuir doré, des signes mi-cabalistiques, mi-astrologiques – mais absolument faux ! Du reste, ces signes ont beau être factices, je suis bien tranquille : il ne faudra pas des décennies pour que certains y trouvent leur sens...

The setting is Chicago; the name is portentous: Le Passage; and the double entendre is between mystical and forbidden. For me, the city of Chicago is forever associated with the memory of Al Capone and the period of prohibition.

There is something about it that lends itself to mystery and transgression. That's precisely why I decided on a design that would transcend the esoteric and the forbidden with a view to creating a rapprochement between these two impossible things: the darkness of prohibition with the pleasures of the mysterious. A morose delectation... To me, a night club is the forbidden and the forbidden equals pleasure.

We are in the first underground level of a former parking garage, which explains the low ceiling and enormous pillars everywhere. As usual, I have given myself an impossible location; but that suits me fine, because the impossible always yields the intriguing. I wanted people to descend directly via the narrow staircase into another world. I lacquered the floor with a brilliant nocturnal blue where everything appears extended by reflections. It's quite simple: we are underwater. The place is, as I said, full of columns that I deliberately enlarged and covered in gold leaf, which reminds me of the huge Roman cisterns in Istanbul.

I commissioned an artist to inscribe pseudo-kabalistic and pseudo-astrological symbols onto canvases painted with a copper-coloured background. It's for the best that the symbols were factitious, and I can rest easy that it won't be long before some of them acquire meaning.

L'ANECDOTE : L'endroit était si glauque que, sans le charme et la conviction d'un maître d'ouvrage visiblement désireux de connaître ma version des lieux, j'aurais fait demi-tour. Un parking en sous-sol à Chicago, a priori, très peu pour moi ! Finalement, je suis ravi de l'avoir fait.

ANECDOTE: The locale was so gloomy that, without the charm and determination of a foreman visibly interested in knowing my vision of the premises, I would have turned around and left. An underground parking lot in Chicago at first glance would seem to offer me little. In the end, I was thrilled with the result.

LA TOUCHE FINALE : J'ai voulu que soit dessiné pour l'endroit un mobilier surdimensionné. Ces fauteuils géants, ces bornes qui n'en finissent plus, c'était pour moi un moyen de donner un air d'aisance et d'amplitude à tout cela. Un sous-sol, d'accord, mais seulement si c'est pour y trouver de l'espace !

THE FINISHING TOUCH: I wanted oversized furniture to be designed for the premises. These giant armchairs, these seemingly endless pillars were a means of bestowing an air of easiness and amplitude upon the place. Underground, OK, but only if it gives you space.

ruc

LA VIE

EST UN THÉÂTRE

LIFE

IS A THEATRE

Avec le temps, le café Ruc était devenu conforme à l'idée qu'on peut avoir de la brasserie ordinaire – au sens où l'on dit de certains individus qu'ils sont ordinaires. Le public pourtant « artistique » du quartier du Palais-Royal paraissait s'accommoder de cet endroit inadapté, ce qui n'est pas si étonnant : ce sont souvent les mêmes qui parlent de la beauté et se révèlent indifférents à la laideur… J'avais donc à ramener dans le droit chemin une vieille adresse dévoyée, afin de lui redonner sa chance. Pas question de créer ici un lieu à thème ou à la mode ; je devais seulement restituer à l'endroit son charme et ses atouts perdus. J'ai donc choisi de conserver le plus possible de l'ancien décor. J'ai supprimé des cloisonnements inutiles, mais gardé les médiocres boiseries ; maintenu et complété la triste corniche ; laissé au sol un faux carrelage impersonnel, qu'il a même fallu reproduire à l'identique dans les endroits où il faisait défaut. Et là-dessus, j'ai joué la carte de la couleur. Les cadres de miroirs sont passés brutalement d'un doré rechampi vert clair au noir le plus mat. Moi, la dorure, je l'ai mise autour des cadres ! Aux murs et au plafond, j'ai voulu la couleur la plus franche possible, un vert d'eau très soutenu, rappelant l'ambiance sévère mais ultra-raffinée des toutes dernières années du XVIIIᵉ siècle. Enfin j'ai habillé d'écarlate les sièges et les fenêtres. Ne trouvant pas sur le marché d'étoffe rouge assez « pétante », j'ai dû passer commande pour un vermillon lumineux tirant sur le corail.

Over the years, the Café Ruc had come to resemble what one might think of as an ordinary brasserie – in the sense that we say that certain people are "ordinary". And yet the "artistic" types that frequent the Palais-Royal district seemed perfectly happy with this inappropriate venue. In fact, that's not really so surprising: often people who talk about beauty turn out to be indifferent to ugliness. My task, then, was to get an old address that had strayed from its proper path back on track. There could be no question of creating a themed setting or fashion hotspot. I simply needed to restore the place's lost charm and assets.

I therefore chose to keep as much of the old decoration as possible; I got rid of useless partitions but kept the mediocre wood panelling; retained and completed the dreary cornice; left on the floor the impersonal, false tiling for which identical reproductions had to be made where it was missing. Then, over all that, I turned up the colour. The mirror frames went from gold with a green edge to absolutely matt black. Then I put the gold back, but around the frames! From the walls to the ceiling, I chose the boldest colours possible: a very pronounced watery-green, redolent of the severe but extremely refined atmosphere of the late eighteenth century. Finally, I upholstered the chairs and windows in scarlet. And as I couldn't find a sufficiently "loud" red fabric on the market, I had to order a luminous, coral-hued vermilion.

L'ANECDOTE : Aux murs sont accrochés
des groupes de photographies
en noir et blanc représentant de récents
comédiens du Français.
J'avais demandé qu'on supprime
cet ornement un peu facile, quand
je suis tombé sur le portrait de mon amie
Catherine Salviat. Je me suis dit :
« Quand même, je ne peux pas lui faire
cela ! » Et les photos sont restées
à leur place, simplement ré-encadrées
de baguettes de bois clair
plus conformes au nouveau décor.

ANECDOTE: I originally wanted the
groups of black-and-white photographs
of actors who have belonged to
the Comédie Française recently to be
removed. The decoration was too facile.
But then I came across a portrait of my
friend Catherine Salviat and I said
to myself: "Well, I really can't do that to
her, can I?": And so the photos stayed
where they were, simply re-framed in
lighter wood that is more in tune with
the new decor.

C'est sans doute ce velours rouge qui, aujourd'hui, confère au nouveau Ruc son aspect si théâtral. Au départ, le rideau s'ouvre sur un décor un peu figé ; puis on entre, et tout s'anime… Chacun joue son rôle, tient son emploi – tout le plaisir du lieu public est là. Une salle est toujours vide, pour commencer ; mais si vous ne donnez pas tout de suite aux gens l'envie d'y entrer, elle risque de le demeurer… Il faut créer la curiosité pour remplir la salle, proscrire l'ennui pour ne pas la vider.

Pour l'ameublement, j'ai éclairci la forêt de petites chaises qui encombrait l'espace, au profit d'une immense banquette murale qui, à la façon d'un *diwàn* ottoman, allait courir tout le long du bas-lambris. Je l'ai voulue rythmée, tournante, enveloppante, allant jusqu'à s'enrouler autour des deux colonnes de soutènement. Pour le reste, de petits abat-jour de tissu plissé sont venus se substituer, au bout des bras de lumière d'origine, à d'affreuses lampes en cuivre. Ces abat-jour ont été cent fois copiés depuis… Je les ai moi-même fait reproduire à une échelle monstre en vue de remplacer les lustres de milieu – et c'est peut-être la vraie réussite de l'affaire. Cela situe mon décor entre jeu et jeu – entre la salle de théâtre et la salle de casino…

Ainsi le Ruc est-il redevenu un lieu de rendez-vous apprécié de la jeunesse pensante ; j'aurai permis à l'établissement, sinon de remonter le temps, du moins de remonter de la vulgarité à l'élégance. Et c'est un processus en cours, que je sens loin d'être fini.

It is certainly this red velvet that makes today's new Ruc so theatrical. At first, the curtain opens on a somewhat stilted set, but then you go inside and everything comes to life. Everything plays its role, does its job, with all the pleasures of a public place. A room always starts out empty, but if you don't immediately make people want to come in, there's every chance it will stay that way. You have to arouse curiosity in order to fill the room, keep away boredom so as not to empty it.

As for furnishing, I thinned out the forest of little chairs that was cluttering the space and put in a huge bench, like an Ottoman divan, running all the way around the wall, at the bottom of the wainscoting. I wanted it to be rhythmic and enveloping, to twist and turn, even snaking around the two supporting columns. Elsewhere, small lampshades in pleated fabric replaced the horrible brass lamps at the end of the original metal stems. I had them reproduced on a giant scale to replace the chandeliers in the middle – and that may be the real success story here. It places my decor between two kinds of playing – theatre and casino.

And so Ruc is once again a meeting place for thinking young people. I have enabled the establishment, if not to go back in time, at least to go from vulgarity to elegance. This is an ongoing process, one that I think is far from finished.

LA TOUCHE FINALE : Pour donner plus d'allure à la grande banne monochrome de la terrasse, je l'ai fait border d'un bandeau particulièrement large. J'en ai eu l'idée à New-York, où cela m'avait paru élégant. À Paris, on n'en avait jamais vu de si large ; et cela, pour une raison simple : une réglementation absurde enferme théoriquement la largeur des bandeaux de stores dans une limite de vingt-cinq à trente-trois centimètres…

THE FINISHING TOUCH: To add a touch of style to the big monochrome awning over the pavement tables, I had it edged with an extremely large strip of material. It's an idea I got in New York, where it struck me as rather elegant. There had never been one as wide as that in Paris before. The reason is simple: an absurd ruling theoretically limits the width of awning edges to between 25 and 33 centimetres.

MU RAT

le murat

PREMIÈRE FABRIQUE

DU BOIS DE BOULOGNE

THE FIRST "MILL"

IN THE BOIS DE BOULOGNE

Voici, en sortant de Paris, la première fabrique du bois de Boulogne. Une datcha de rondins, qui m'évoque les froideurs confortables d'une Russie pas si lointaine. Le maréchal et roi de Naples y est présent à travers des chapeaux dont l'exubérance s'inspire de quelques-uns de ses portraits. Tant il est vrai que le plus dur des machos était aussi le plus coquet des pré-dandys…

Pour rendre plus attrayant cet établissement tout en angle, je me suis amusé à traiter l'extérieur sur le même mode que l'intérieur ; et l'habillage de rondins prétend conférer à la façade le charme de l'inattendu. Dans la conception de l'espace, tout est venu d'une architecture impossible à corriger, avec toutes sortes de piles disposées de manière aléatoire ; pour rendre acceptable ce défaut rédhibitoire, j'ai insisté sur le côté « fabrique » du décor, ce qui donne un aspect très éphémère – presque improvisé – à l'ensemble, et permet donc de minimiser l'effet d'une disposition inacceptable sans cela. Mon attention première à la structure m'amène ainsi à jouer d'autant plus sur le décor que la base est ingrate ; en revanche, lorsque l'architecture peut être amenée vers la perfection, je me contenterais volontiers pour ma part d'un décor blanc, minimal.

Here, when leaving Paris, is the first "mill" in the Bois de Boulogne. A dacha made of logs that evokes the comfortable cold of a not-too-distant Russia. The Marshal and King of Naples is there evoked by the hats whose flamboyance seems so inspired in some of his portraits. So true it is that one of the toughest machos was also one of the most delicate of dandies. To make the place more attractive, I amused myself by treating the exterior in the same way I did the interior. The arrangement of the logs gave the façade a kind of unexpected charm. The spatial concept-ion revolved around an architectural layout that was impossible to modify, with all sorts of columns positioned randomly. To make this blemish more palatable, I insisted on the "mill" aspect of the decor, which gives it an ephemeral feeling – one almost improvised – and thus allows me to minimise the effect of what would have been an unacceptable appearance. My primary reaction to the structure was to play even more with the decor, given the thankless nature of the task. On the other hand, when the architecture can be teased toward perfection, I would willingly content myself with a minimalist, white decor.

On est en droit de trouver équivoques les couleurs de rideaux ; je les ai choisies exprès. D'une façon générale, trois matières dominent à l'intérieur : le drap rouge, la corde noire, la panthère. Les rampes d'escalier ont été gainées comme les stalles d'une écurie de conte de fées…

Au final, j'espère avoir réussi à rendre cette idée de raffinement dans le provisoire qui s'impose, par exemple, dans le pavillon de rondins de Gatchina, en Russie. Sauf que là-bas, l'on ne pénètre dans la fabrique que pour s'éblouir du plus précieux des salons de miroirs, avec encadrements sculptés et dorés, plafond peint à l'antique, divan de taffetas et soieries brochées à Lyon – un fantasme du grand goût : le luxe extrême dans la rusticité.

The colour of the drapes could be quibbled about; I chose them intentionally. In a general way, three materials dominate the interior: the red drape, black cord and panther. The stairs are covered in leather like the stalls in a fairytale stable. In the end, I hope to have conveyed the idea of juxtaposing refinement and the ephemeral, like, for example, the log pavilion of Gatchina in Russia. Here, however, one enters the mill and is astonished by the precious mirrored salon, with sculpted and gilded frames, ceilings painted in the old style, and a divan of taffeta and silk made in Lyon – a fantasy of great taste, extreme luxury within the rustic.

MEDICI

medici

SCHINKEL, VERSION

HELLÉNISTIQUE

SCHINKEL, HELLENISTIC

VERSION

La personne qui m'a commandé ce décor est un grand publicitaire d'outre-Rhin, qui souhaitait disposer d'un endroit suffisamment étonnant et remarquable pour y organiser de belles réceptions professionnelles. À mesure que le projet évoluait, lui-même s'est pris au jeu ; il a fini par admettre l'intérêt de créer là non seulement un endroit agréable pour des soirées d'exception, mais un lieu de rêve au quotidien, offrant au public de Baden-Baden le bon restaurant qui manquait à cette ville.

Mon premier réflexe en arrivant avait été, en effet, de faire le tour des établissements de ce haut lieu du thermalisme des années 1850 ; or, à ma stupéfaction, j'avais dû constater que plus rien ne subsistait de l'art de vivre certainement divin de cette époque et de ces lieux. Les restes de la Baden thermale étaient si maigres et tellement dénaturés que tout, ici aussi, me paraissait devoir être recréé

Pour moi, une note directrice s'imposait : j'allais suivre l'exemple du grand maître allemand de l'architecture et de la décoration, Schinkel. Sans tomber dans un néo-gothique échevelé ni dans un néo-classique pur et dur, j'avais envie du moins de retrouver l'atmosphère envoûtante des anciens bâtiments doriques à la berlinoise.

C'est tout juste si ma référence personnelle aura été un peu moins archaïsante, puisque les lieux sont finalement d'inspiration hellénistique. D'où ces caryatides « érechthéioniennes » qui dominent tout le décor et cet esprit d'archéologue ou de collectionneur qui font de l'endroit une sorte d'hommage indirect au goût des Allemands en général pour la mythologie grecque, et au génie d'un Schliemann en particulier pour les fouilles antiques. Mes vitrines à cigares, par exemple, auraient pu être conçues pour y exposer le trésor de Priam…

Mes souvenirs encore frais de Potsdam et de ses audaces esthétiques, ont été déterminants au *Medici*. La grande salle, notamment, ornée de colonnes blanches, présente des murs d'un bleu très dur, pas éloigné du tout des toiles de Klein – comme dans un certain bâtiment de Schinkel à Potsdam.

The person who commissioned this decor is a major figure in the world of German advertising, who wanted to have at his disposal a sufficiently remarkable and marvellous place to host elegant professional receptions. As the project advanced, he too became caught up in the idea and ended up admitting the interest of creating not only a pleasant place for exceptional soirées, but aslo a dream spot for every day, offering the Baden-Baden public the fine restaurant that the city was missing.

My first reflex on arriving had been, in fact, to make an assessment of this Mecca of 1850 spas. To my astonishment I was forced to admit that nothing remained of what must have been the divine art de vivre of that epoch and of this place. The remains of the Baden spa were so meagre and so totally disfigured that everything, here too, seemed to me in need of re-creation.

For me, a directing note imposed itself: I would follow the example of the great German master of architecture and decoration – Schinkel. Without falling into a frenzied neo-Gothic, nor a hard line neo-classical, I wanted to at least find the bewitching atmosphere of ancient Doric buildings in the Berlin style.

It would not have been right if my personal references had been any less archaistic, since the premises, in fact, turned out to be of Hellenistic inspiration. Thus there were "Erechtheionian" caryatides dominating all of the decor, and this archaeologist's or collector's spirit that made the place a sort of indirect homage to the German's taste in general for Greek mythology, and in particular, for the genius of a Schliemann for antique excavations. My cigar display cases, for example, could have been conceived to exhibit Priam's treasure.

My still-fresh memories of Potsdam and its aesthetic audacity, were a deciding influence for the *Medici*. The large hall, notably, adorned with white columns, displays walls of a very hard blue, not far at all from Klein's paintings – like in a certain building of Schinkel's in Potsdam.

L'ANECDOTE : A cadre d'exception, événements exceptionnels. Quelle n'a pas été mon émotion, pour l'inauguration du nouveau décor, d'y voir, célébrés dans un commun élan pour la paix, les deux leaders a priori inconciliables : Shimon Pérès et Yasser Arafat. C'était fort peu de temps après les accords d'Oslo, et tout le monde – à commencer par moi – se réjouissait d'y croire…

ANECDOTE: An exceptional setting, exceptional happenings. What an emotional moment it was for me when, at the new decor's inauguration, I saw celebrating in a common fervour for peace, two a priori irreconcilable leaders: Shimon Pérès and Yasir Arafat. It was just shortly after the Oslo Accords, and everyone – starting with me – rejoiced in believing…

LA TOUCHE FINALE : On devrait parler ici de « touche initiale ». Le restaurant est situé dans un bâtiment immense et monumental, au cœur d'un parc magnifique, lui même en plein centre de la ville. Je ne pouvais laisser passer un tel site sans en souligner le caractère impérial ; ce que j'ai fait en flanquant l'entrée de grosses torches à gaz qui, à la manière d'une flamme olympique, flamboient en permanence pour apaiser les dieux.

THE FINISHING TOUCH: Here we should say the "initial touch". The restaurant is located in an immense and monumental building situated in the heart of a magnificent park, itself in the city's centre. I could not let such a site pass without emphasising its imperial character; which I did by flanking the premises' entryway with two large gas torches that, in the manner of the Olympic flame, burn continuously to appease the gods.

l'esplanade

ANTICHAMBRE
DES INVALIDES
ANTECHAMBER
TO LES INVALIDES

ESPLANADE

Ce qui m'a enthousiasmé d'emblée, ici, c'est l'emplacement : que rêver de mieux que cette vue imprenable sur l'esplanade des Invalides ? Mais pour le reste, la disposition des lieux appelait un remaniement. Quand je suis arrivé, la salle était un peu plus profonde en façade, mais étranglée dans le coin, avec des toilettes donnant en plein milieu ! S'en dégageait un sentiment d'exiguïté, voire de malaise… Certaines contraintes d'architecture imposaient la conservation de piles porteuses, disposées de façon irrégulière et asymétrique. Ma première idée a été de les intégrer dans un système d'arcatures régulières, s'appuyant sur des pilastres symétriques, en harmonie avec le rythme de la façade. Certes, ce parti pris diminuait un peu plus une surface au sol déjà limitée ; mais quand on veut obtenir un vrai volume, il faut être prêt à sacrifier un peu d'espace.

Je n'ai pas lutté contre la nouvelle structure en galerie ; je l'ai même accentuée en installant deux grandes glaces à chaque bout ; l'une forme une baie magnifique ouvrant sur l'extérieur, l'autre, un miroir créant un effet d'abyme. Au sol, j'ai voulu que le dessin du long tapis renforce encore cet effet par un motif de rayures longilignes, qui donne le sentiment d'étirer l'espace.

De l'ancienne pièce d'entrée, j'ai fait un salon en profondeur – quitte à rogner encore sur les parties réservées au service. Il était indispensable en effet que le regard, d'entrée de jeu, puisse dériver sur une autre salle au deuxième plan. C'est ce dégagement qui donne un second souffle à la pièce principale, et permet d'éviter le sentiment d'étouffement qui pourrait naître de la composition en galerie. Les glaces installées sur tous les murs répondent au même souci d'aération et de décloisonnement.

Pour le décor, je voulais évoquer le tombeau de Napoléon dans sa dimension minérale et même, sépulcrale. La galerie de *L'Esplanade* se devait d'évoquer, en quelque sorte, une salle d'accès à ce tombeau. Je voulais en faire l'antichambre des Invalides ! On connaît ma passion pour

What excited me here, from the word go, was the position: what could be better than this perfect view over the Esplanade des Invalides? However, the layout of the premises needed to be reworked. When I came to the place, the restaurant was a little bit deeper on the street side, but it was squeezed into a corner and the toilets were slap bang in the middle! It had a cramped, even uncomfortable feel. Architectural constraints meant that we had to keep the load-bearing columns, which are positioned in an irregular, asymmetrical pattern. My initial idea was to integrate them into a system of regular arcatures resting on symmetrical pilasters, in harmony with the rhythm of the facade. True, this approach reduced the already limited floor space, but when you want to obtain a proper volume, you have to be ready to sacrifice a bit of space.

I made no attempt to fight against this new gallery-like structure. In fact, I even emphasised it by installing two large expanses of glass. One of them forms a magnificent bay, with views outside; the other, a mirror, sets up a play of reflections. On the floor, I wanted the design of the long carpet to further heighten this effect using lengthways stripes, which stretch the space and almost deform it.

I turned the old entrance hall into a deep salon, even though this meant further trimming the service areas. It was very important that, on entering, the eye should be able to slide over to a second room in the background. It is this space that energises the main room and helps avoid the potentially suffocating effect of a gallery-like layout.

As for the decorations, I wanted to evoke Napoleon's tomb, in its mineral and even sepulchral aspects. The gallery at L'Esplanade had, in a sense, to suggest a room leading to the tomb. I wanted to make it into the antechamber of Les Invalides! You know that I have a passion for porphyritic marble. I used it here as a central element. The bright orange furniture is a nod to the vogue for this colour during the Consulate and Empire periods, when it was a novelty.

L'ANECDOTE : Un matin, passant ici par hasard, j'ai eu la récompense de trouver la salle investie par une trentaine de Saint-Cyriens en grand uniforme, prêts pour je ne sais quelle parade.
Leurs brandebourgs et leurs shakos s'accordaient si bien au décor, que j'en ai eu le souffle coupé. Rarement, j'ai eu le sentiment d'un accord aussi parfait entre le lieu et son public.

ANECDOTE: One morning, when I just happened to be passing by, I was rewarded with the sight of the restaurant full of cadets from the Saint Cyr officers' school in full regalia, ready for who knows what parade. Their frogging and shakos matched the decor so perfectly it took my breath away. Rarely have I had such a feeling of a perfect match between a place and its users.

LA TOUCHE FINALE : J'ai découpé le store banne à la taille et au rythme des ouvertures de l'immeuble. Il a donc fallu, pour protéger les clients des intempéries, doubler les parties claires, à l'emplacement des interstices, par des parties sombres plus discrètes – ce qui a demandé des mises au point compliquées. Mais le jeu en valait la chandelle ; et l'on a, de loin, cette impression de naturel qui est si difficile à créer.

THE FINISHING TOUCH: I cut out sections of the awning so as to match the rhythm of the building's openings. In order to protect diners against bad weather, therefore, the open parts coinciding with the interstices had to be lined with more discreet dark material. This necessitated some complicated adjustments, but it was worth it. From a distance the place has that kind of natural quality which is always so difficult to achieve.

les marbres porphyroïdes ; j'en ai fait un élément central. Le mobilier orange vif est un clin d'œil au goût du Consulat et de l'Empire pour ce coloris neuf à l'époque...

Pour moi, depuis l'enfance, les Invalides, ce sont des alignements d'armures sévères et de canons pris à l'ennemi... J'ai volontiers renoncé aux armures, mais je n'allais pas me priver des canons ! Tout de suite, j'ai eu envie de voir, dressées en avant des pilastres soutenant mes arcatures, des reproductions de ces pièces d'artillerie qui sont la fierté de l'endroit. Les boulets des lustres sont eux-mêmes une citation de ce que l'on peut admirer au-dehors, en couronnement des pavillons d'entrée. C'est ainsi : un lieu public doit procéder de l'évidence ; il doit s'imposer comme une référence à l'endroit où il est situé. Il m'a suffi, dans le cas présent, d'adapter l'esprit du restaurant à celui du monument – jusqu'à imaginer ce prolongement tardif, inhabituel peut-être, en tout cas inattendu.

En vérité, le quartier manquait cruellement d'un véritable lieu de rendez-vous, à mi-chemin entre le club et le restaurant d'habitués. Tout ce VII⁰ arrondissement, à l'élégance intemporelle, était un peu à la recherche d'un point de chute à la fois dépaysant et familier – un endroit où l'on puisse venir presque s'encanailler sans jamais, pour autant, quitter son monde. Tout ça est, certes, clinquant « mais si bien vu, chéri ».

Sur la terrasse, je voulais supprimer le placage commercial et retrouver la pierre de taille de l'immeuble. Cela aurait eu pour effet d'alléger considérablement la façade, et de rendre son intégrité à toute la bâtisse. Mais je me suis heurté, comme souvent, à l'administration des Monuments Historiques : « Pas de pierre esplanade des Invalides ! », tel était l'oukase. Il a donc fallu que je me résigne à peindre la façade en noir, ce qui, du reste, n'est pas si mal ; j'y vois un moyen d'annoncer de loin la couleur, et de souligner, avant même qu'on ne soit entré, qu'ici règne une certaine rigueur.

For me, ever since I was a child, Les Invalides have been synonymous with rows of forbidding armour and cannon taken from the enemy. I was happy to give up the armour, but I didn't want to do without the cannons! I wanted to see reproductions of these artillery pieces that are the pride of this site raised against the pilasters supporting the arches. The cannons balls of the lights are themselves a quotation, referring to the decoration of the entrance buildings. A public space must start with the obvious realities: it must come across as a reference to its location. In this case, I needed only to adapt the spirit of the restaurant to that of the monument, until I came up with this late, possibly unusual and certainly unexpected prolongation.

The fact was, too, that the area was seriously lacking in a real meeting place, a cross between a club and a restaurant for regulars. This timelessly elegant bit of the seventh arrondissement was looking for a place where you could drop in, one that was both surprising and familiar, a place where you could come and enjoy a few earthy pleasures, but without leaving your world. The whole thing is a bit flashy "but so just right, darling".

On the street side, I wanted to get rid of the commercial frontage and go back to the original dressed stone. This would have made the facade a great deal lighter, and restored the integrity of the whole building. As so often, though, I came up against the Monuments Historiques: "No stone on the Esplanade des Invalides" was the ukase from the administration. So I had to resign myself to painting the facade black, which, in fact, has turned out to be not so bad after all. I see this as a way of signalling the interior from afar and emphasising, even before one enters, that the place has a certain rigour.

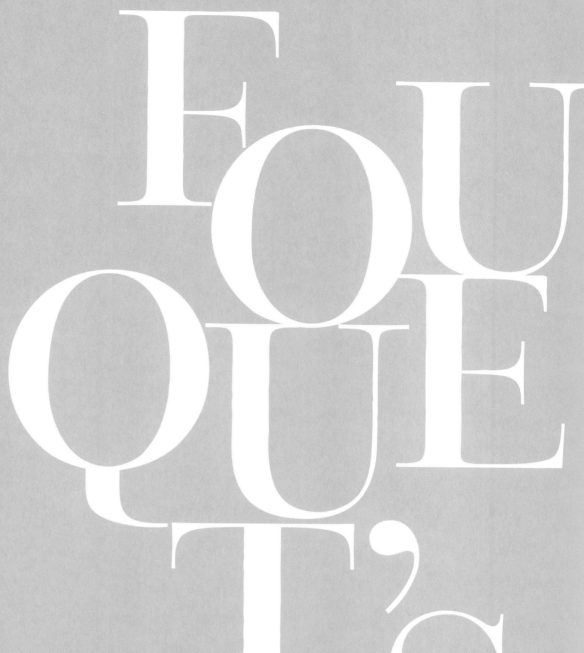

fouquet's

CLASSÉ MONUMENT
HISTORIQUE
REGISTERED HISTORICAL
MONUMENT

Où l'on aborde à coup sûr mon souvenir le plus cruel en fait de lieux publics. Il s'agit, comme on sait, d'une adresse classée monument historique, sur un décor des plus moyens, avec une clientèle d'habitués pas toujours très consciente du peu d'intérêt de ce qui, pour diverses raisons, lui paraissait fabuleux. Bien sûr, le classement se justifiait par la nécessité d'éviter une utilisation dégradante des lieux ; mais en même temps, il rendait pour ainsi dire obligatoire la restauration de l'irrestaurable. Une accumulation d'éléments fâcheux ou malheureux, ne reposant sur aucune idée forte, se trouvait ainsi pérennisée par décision ministérielle, et se transformait en autant de figures imposées, incontournables… Le tout, aggravé par un personnel souvent rigide, dont certains membres paraissaient figés là depuis quatre générations – la conscience auto-satisfaite de la poussière.

Balayer tout cela, je puis le dire maintenant, était mission impossible – sauf à susciter un conflit violent dont je n'ai pas eu le courage. À l'extérieur, du moins, j'ai pu changer les verrières, et rétablir des terrasses compatibles avec les exigences de confort actuelles et déjà plus conformes au standing de l'établissement. La banne intérieure – gansée violet, rouge et or sur fond beige – annonce les nouvelles couleurs de l'endroit. Malheureusement, les peintures de façade des années 1975, dont le mieux qu'on puisse en dire est encore de n'en rien dire du tout, ont dû être maintenues au titre du classement… À force de me battre, j'ai

This is where we touch on one of the more cruel memories I have of public places. It concerns, as is well known, an edifice listed as a historical monument, its middling decor, its regular clientele not always up to understanding the little real interest of that which, for different reasons, seems truly interesting. Of course, its listing as a monument was justified by the need to protect and preserve it; but at the same time it created a situation, so to speak, of having to restore the non-restorable.

The accumulation of exasperating and unhappy moments, unguided by any clear idea of what to do, was drawn out over time by administrative inertia and resulted in numerous insurmountable and imposing obstacles, all of which was aggravated by an often inflexible staff, some of whom seemed stuck there for four generations – the self-satisfied conscience of the dust. Sweeping all that away, I can now say, was a mission impossible – without provoking a violent altercation, which I did not have the stomach for.

On the exterior, at least, I was able to change the glassed-in veranda, and to redo the terraces according to today's standards of comfort and befitting the status of the establishment. The interior awning decked out in violet, red and gold on a beige background sums up the place's new colours. Unfortunately, the facade's coat of paint dating from 1975 (of which the least said the better), had to be the same, according to the registry. Thanks to my determination, I was able to dispose of the lighting purchased from

LA TOUCHE FINALE :
Le monogramme du Fouquet's,
entouré de sa couronne de laurier,
a été décliné jusqu'à l'épuisement ;
il joue un rôle déterminant
d'ancrage et de référence, histoire
d'inscrire le mythe dans la matière
et de jouer avec lui.

THE FINISHING TOUCH: Fouquet's
monogram, encircled by a laurel
crown, was all but worn out; yet it
plays an important role as a
symbol and reference, as a matter
of inscribing the myth in the
material while playing with it.

pu sabrer en revanche les luminaires achetés en grand magasin vingt-cinq ans plus tôt, et les remplacer par ces étranges feuillages montés sur des structures de métal, discret clin d'œil aux balcons d'origine. J'ai d'ailleurs été jusqu'à recréer une ligne « Fouquet's » pour les lustres, appliques, lampadaires, etc. Des sièges très confortables, d'après les chaises d'origine dessinées par Royère, ont été garnis de velours, frappés au monogramme « F's » – de même que les deux sublimes paravents, qui font partie du décor initial.

La salle du rez-de-chaussée et le bar, décorés aussi par Royère, ont retrouvé l'intégrité de leur décor mural : piles au demeurant bien modestes de contreplaqué verni, plafond beige… Un décor simple des années 1940… J'ai quand même recouvert les panneaux de la mémoire des lieux, en présentant à touche-touche, dans des cadres adaptés, les célébrités qui firent celle de l'enseigne.

La seule partie de l'établissement où je me sois autorisé une création véritable, c'est finalement le premier étage, où j'ai voulu deux grandes salles : l'une s'orne de fresques à fond d'or reprenant sur un mode stylisé un certain nombre de monuments parisiens ; l'autre, de grands miroirs séparés par des collections de photographies en rapport avec le prestigieux passé de la Maison – le tout dans un esprit volontairement luxueux, « British up to date »…

a department store twenty-five years earlier and replaced them with these odd leaves mounted on metal stands, a discreet *clin d'œil* to the original balconies. I even went so far as to create a Fouquet's line for the lights, the candelabra, and lampshades. The very comfortable furniture, inspired by designs originally by Royère, was embellished with velvet bearing the Fouquet's monogram, just like the two sublime folding screens which were part of the original decor.

The first floor lounge and the bar, also decorated by Royère, have had their original wall decor redone: pillars of modest aspect with varnished plywood, a beige ceiling – the simple decor of the 1940s. I nevertheless redid the panelling in the spirit of the edifice, presenting in aptly adapted frames the celebrities who made the place famous.

The only part of the establishment where I was allowed real creative freedom was the first floor, where I designed two large rooms: one adorned with frescos with a gold background recalling symbolically a number of Parisian monuments; and the other adorned with individual mirrors each separated by a series of photos representing the prestigious history of the place – all in a deliberately luxurious spirit, "British up to date."

L'ANECDOTE : On m'a demandé assez tôt de modifier les chaises de la terrasse du Club, dont il semblait que le dossier ait été prévu trop haut, puisque, à défaut de voir évoluer leur cadre familier, les clients voulaient continuer de se voir eux-mêmes d'une table à l'autre, coûte que coûte…

ANECDOTE: They asked me early on to change the chairs on the terrace of the Club, apparently because their backs had been designed too high. The clients, for want of seeing familiar faces as the evening evolved, wished to continue seeing each other at least from table to table and at any expense.

GRANDE ARMÉE

la grande armée

R E F U G E   U L T I M E
D E S   G R O G N A R D S
L A S T   R E F U G E
O F   N A P O L É O N ' S
O L D   G U A R D

L'ANECDOTE : Le restaurant a tout de suite connu un succès phénoménal. Tout-Bruxelles s'est précipité dans la salle aménagée au bout de l'enfilade, ce qui a fait dire assez drôlement à un de mes amis : « Garcia vient de nous faire basculer la ville en bout de couloir. »

ANECDOTE: The restaurant was a phenomenal success right from the start. All of Brussels rushed into the space fitted out at the end of a series of rooms, which led to a friend's rather amusing comment: "Garcia just toppled the whole city into the end of a hallway."

LA TOUCHE FINALE… c'est justement qu'il n'y en a pas eu. Je mentirais en effet si je ne disais pas que ce projet a été légèrement avorté par manque d'argent, tout simplement. Cela m'a laissé comme un goût d'inachevé. Et j'ai bon espoir de pouvoir retourner un beau jour à Bruxelles pour la mettre enfin, cette « touche finale » sans laquelle un décor ne peut créer tout son effet.

THE FINISHING TOUCH: Is just that there wasn't one. In reality, I would be lying if I did not admit that this project was somewhat frustrated by a simple lack of money. I was left with an unfinished feeling. And I have high hopes of returning one fine day to Brussels to finally add that "final touch" without which a decor can never achieve its total effect.

MONTREUX

casino
de montreux

TOUJOURS

LA MUSIQUE

LET THE MUSIC

PLAY ON

Las Vegas – et pourquoi pas en Suisse ? Après un certain nombre de passages obligés dans la capitale américaine du jeu, j'avais les clés pour comprendre ce que devait être un casino. Mes commanditaires, à Montreux, ne pouvaient pas le savoir ; ils ont commencé par me donner quelques notions, naturellement… Quelle n'a pas été leur surprise d'apprendre que l'empereur du jeu, Steve Wynn en personne, m'avait déjà commandé le concept d'un nouveau casino, et pour Vegas même ! Les convaincre devenait une tâche finalement assez simple…

L'histoire commence comme un conte de fées : une ville au bord de l'eau faite pour des princes, des hôtels de rêve, un casino de la fin du XIXe siècle voué à tous les plaisirs – et là-dedans, le drame qui surgit sous la forme d'un incendie. Le casino brûle en effet dans les années dangereuses – entendez : en pleine décennie 1970. Un concours d'architectes est lancé, dont sort le meilleur, mais pour faire le pire. Trente ans d'exploitation ronronnante là-dessus, et la ville ne pouvait que s'endormir.

Heureusement, Zorro-Garcia est arrivé… À défaut de pouvoir rétablir ce qui est condamné à demeurer dans mon fantasme un rêve de villégiature, je me suis efforcé de trouver le compromis entre une architecture incorrigible et une ville mourant d'envie de revenir à ses sources, à ses charmes. Il faut dire que je pouvais compter ici sur une équipe dynamique et à l'écoute, soucieuse de relever l'endroit.

Las Vegas… and why not Switzerland? After a few obligatory visits to America's gambling capital, I finally developed the insight to understand what a casino should be. My clients at Montreux couldn't have known. They began by giving me a few indications, of course. What a surprise when they learned that the King of Gambling himself, Steve Wynn, had already commissioned me to do a new casino for Vegas itself. Convincing them, in the end, became a relatively easy job.

The story begins like a fairytale: a town beside the water, built for nobility, splendid hotels, a late-nineteenth century casino constructed for every pleasure and then the drama of a fire. The casino burned down, in effect, during dangerous times – the 1970s. A competition to rebuild it was announced but the winning architect made a losing proposition. Thirty years of purring along like a kitten and the city was ready to fall asleep.

Fortunately, Zorro-Garcia arrived on the scene. For want of being able to restore what has been condemned to remain in my fantasies as a holiday dream, I forced myself to find a compromise between an incorrigible architecture and a city longing to return to its roots and revive its earlier charms. I have to say that here I could count on a dynamic and dedicated team who were impatient to restore the place.

L'ANECDOTE : Tout est vraiment
parti du festival de jazz.
Moi qui ne suis pas un expert,
j'avais été gagné par le feu sacré
de son organisateur. C'était lors
d'une des ces soirées magiques qui
vous mettent en contact avec cinquante
années de passion, offertes par
un amoureux à ce qui l'a fait vibrer
dès le premier jour.
Mon idée s'est forgée ce soir-là :
si jamais je devais faire quelque chose
à Montreux, mon décor lui rendrait
hommage.

ANECDOTE: It all stems from the jazz
festival. I personally am not an expert.
I was inspired by the organiser's
incredible energy. It happened during
one of those magical evenings that
connects you with fifty years of passion,
expressed by someone who still loves
the thing that moved him in the first
place. My idea coalesced that night: if
ever I do anything in Montreux,
my design will render the town the
appropriate homage.

Sur une façade de pierre ponctuée de colonnes de bronze patine, j'ai créé des rideaux à l'imitation du plomb – histoire de donner à l'ensemble un air de fête, la fragile et sublime fête d'un soir... On appelait cela, jadis, « dorer la pilule ».

Les décors intérieurs veulent évoquer ce jazz dont Montreux, grâce à son festival, me paraît tout imbibé. La musique, encore la musique, toujours la musique ! Quand elle devient obsessionnelle, tout comme le jeu peut l'être... De là, tout est parti : sur les murs de capiton, j'ai semé des clés de sol et de fa, et des blanches, et des noires et des croches. Même les lustres à abat-jour – certains diront façon Garcia – sont garnis de petites notes de couleur qui paraissent tomber du plafond. Les rampes et les balustrades se sont faites portées musi-cales, et le globe venant couronner le tout pourrait fort bien figurer le monde entraîné dans la java du Diable...

C'est pour moi un principe, lorsque j'adopte une théma-tique aussi particulière, que de la pousser suffisamment loin pour qu'elle dépasse le stade de l'anecdote et finisse par créer une atmosphère très spécifique et, dès lors, incontestable. Si vous décidez de dédier un décor à la musique, comme c'est ici le cas, le moindre détail doit participer de cette thématique – jusqu'aux boutons de porte, jusqu'à des éléments auxquels personne n'aurait songé.

I installed curtains giving the appearance of lead onto a façade punctuated with columns of "vert bronze". The point was to give a festive feeling to the premises – the fragile and sublime feeling of an evening soiree... what used to be called sweetening the pill.

The interior decor is intended to evoke the jazz with which Montreux, thanks to its festival, is always associated. Music, more music and music forever! It becomes as obsessive as gambling. Everything started from there. I covered the upholstered walls with musical notes in white and black. Even the chandeliers with lampshades – some would say in the Garcia style – are embellished with musical notes which appear to be falling from the ceiling. The ramps and balustrades are also done in a musical theme and the globe hanging from the ceiling makes everyone look as if they were partaking in the Devil's dance.

For me, it's a matter of principle that, when adopting a particular theme, I push it far enough until it is more than a simple anecdote, and end up creating a very specific and unmistakable atmosphere. If you choose to dedicate an interior to music, which is the case here, the smallest detail must reflect the theme – down to the doorknobs and other features that no one else would have considered.

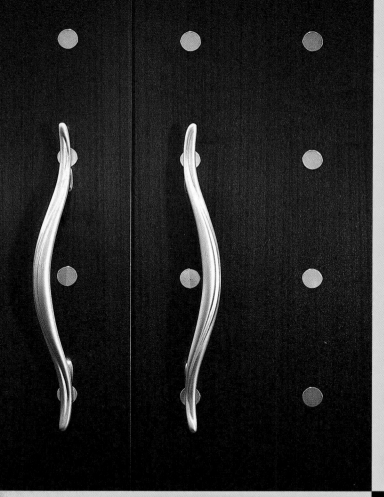

LA TOUCHE FINALE : Je me suis permis un clin d'œil à Emilio Terry et à ses chaises célèbres, à travers des sièges capitonnés dont les dossiers s'animent aux quatre couleurs : pique, cœur, carreau, trèfle. Les amateurs de black-jack et de baccarat devraient s'y retrouver.

THE FINISHING TOUCH: I allowed myself a wink at Emilio Terry and his famous chairs; I created upholstered chairs whose back supports were alive with four suits: spades, hearts, diamonds and clubs. Lovers of black jack and baccarat will see themselves reflected in them.

DEAUVILLE

hôtel royal
hôtel normandy
casino

Un vrai
patrimoine
A true
patrimony

Le Royal : Je vois encore mon enchantement à l'idée de recréer, dans ce hall d'exception, l'atmosphère d'un grand palais russe sur la mer Noire – Livadia ou quelque chose d'approchant ; le grand style balnéaire de l'Empire déjà déclinant… Les supports du rêve étaient là, tout juste masqués par soixante années malheureuses de rajouts « à la mode ». J'avais seulement à m'abstraire le plus possible de cette mode-là, à m'en détacher afin de rendre plus présents à ma mémoire ce qu'avaient pu être les palais aristocratiques de la Belle Époque. Et tant pis si, pour y parvenir, il me fallait lutter contre des exploitants toujours prêts à sacrifier, sur le dos des propriétaires, le capital esthétique et culturel des lieux au profit d'impératifs à courte vue de rentabilité !

J'ai voulu des colonnes de huit mètres de haut traitées faux-marbre, des falbalas à profusion sur toutes les baies, des lustres en Bohême étourdissants, des tapis imprimés dans lesquels on s'enfonce vraiment – et pour que tout cela colle à la modernité, un bar américain à même le hall et qui créerait de l'animation au milieu d'une population de bergères nombreuses, confortables et sans façons. Quelques ornements néoclassiques ; quelques bornes des plus théâtrales saturées d'opulentes plantes vertes ; il ne manquait plus que les rames d'acajou vernis du *Trans-Europ-Express* à quai dans la gare…

Pour les chambres, j'ai souhaité conserver la même inspiration ; du grenier où tout cela croupissait, je me suis amusé à extirper tous les bois de lits, panneaux, anciennes armoires des années 1900-1905, que l'on avait jugé vital d'escamoter après la dernière guerre, sans prendre la peine – fort heureusement – de s'en séparer tout à fait ; et je les ai réutilisés d'une façon contemporaine et décalée.

The Royal: I still feel the same enchantment at the idea of re-creating in this exceptional hall the atmosphere of a great Russian palace by the Black Sea – Livadia or something like it; the great Imperial style of the seaside resort already in decline. The perfect material was already there, only covered over by sixty years of unfortunate repairs "à la mode". I needed only to extract myself as much as possible from that particular mode; to detach myself in order to refresh my memory of how the aristocratic palaces of the Belle Epoque looked. And too bad if, in order to realise it, I needed to struggle against those who exploit it, who were only too willing, at the expense of the proprietors, to sacrifice a locale's aesthetic and cultural capital to turn a quick profit.

I wanted false marble columns eight meters high, flounces on every opening, stunning bohemian chandeliers, impressive rugs that invite our every step, and – so that the entirety remains true to today – an "American" bar in the hall itself to create a lively atmosphere among a host of comfortable and unpretentious easy chairs.

A few decorations in the neo-classical style; a few theatrical tables covered with opulent green plants; all that was missing were the varnished mahogany rails from the Trans-Europ-Express at the station platform.

I wanted to keep the same inspiration for the rooms. In the attic, where everything was gathering dust, I picked out all of the bed frames, panels, and old armoires, all from the years 1900 to 1905. Apparently, it had been considered vital to hide them following the last war, without bothering – fortunately – to completely get rid of them. I used them all in a contemporary and off-beat way.

L'ANECDOTE : J'avais chez moi, au château du Champ-de-Bataille, une salle à manger Henri II de la fin du XIXe siècle. J'ai voulu rétablir cette pièce dans un état XVIIIe siècle, et pour cela il m'a fallu démonter les boiseries néo-Renaissance. Plutôt que de les vendre à l'encan, je m'en suis servi pour donner un cachet nouveau au bar du Normandy.

ANECDOTE : I had at my place, the Château du Champ-de-Bataille, a Henri II late-nineteenth century dining room. I wanted to refurbish the room in an eighteenth-century style. To do so, I needed to remove the neo-Renaissance wood panelling. Rather than auctioning it off, I used it to give the bar at the Normandy a new look.

Le Normandy : Cet établissement représentait pour moi un fantasme d'enfant. Je me suis attaché à lui rendre, dans son aspect extérieur, ce style anglo-normand sans lequel une telle enseigne ne serait plus digne d'elle-même. Les parements vert céladon, les briques orange ont avantageusement remplacé cet affreux camaïeux gris et blanc qui, depuis longtemps déjà, tuait l'endroit. J'ai du même coup supprimé les escaliers de secours en hors-d'œuvre, recréé la verrière côté jardins, refait à grands frais un escalier extérieur en bois.

Et d'elle-même, cette maison tellement élégante a retrouvé le sens oublié d'une inaccessible richesse – ce qui fait l'essentiel de sa magie. Le *Normandy* et le *Royal* sont différents et complémentaires ; à celui-ci, des suites palatiales dans le genre « grand russe » et qui pourtant conservent un je-ne-sais-quoi des plus familiers ; à celui-là, l'intimité cosy d'un grand cottage à l'anglaise, faussement décontractée et, paradoxalement, plus impressionnante.

Le *Normandy* est un peu hors du temps : pour lui rendre un côté branché, je l'ai volontairement débranché de certaines connexions trop actuelles. C'est la très jolie maison dont on rêverait pour soi – ou peut-être pour ses parents – avec une foule de boiseries faux-bois et de cheminées qui fonctionnent. La grande salle-à-manger – jardin d'hiver, avec son côté néo-Adams, me paraît un absolu du genre.

Les chambres vastes et simples, tout habillées de cotonnades imprimées à l'anglaise, se veulent somme toute plus printanières encore qu'estivales – mais de toutes les façons vouées à l'idée que l'on peut se faire de bonnes vacances cossues et familiales en bord de mer. Nul panache, ici, mais du charme à revendre : des toiles de Jouy comme je les aime, avec les tentures coordonnées, et, un peu partout sur les sièges et les bas-lambris, ces toiles rayées qui respirent la plage et la détente.

The Normandy: This establishment was to me like a childhood dream. I set about refurbishing the exterior in the Anglo-Norman style without which such a mark of quality could not do justice to itself. The willow green ornamentation and the orange brick have replaced the awful grey monochrome and white which had been defacing the place for years. At the same time, I removed the emergency staircases no longer in use, and redesigned the windows on the side of the gardens and redid, at great expense, the main outdoor wooden staircase.

The elegant house thus recovered the hidden feeling of an inaccessible richness – the key to its magic. The Normandy and the Royal are different yet complementary, the latter conserving a certain familiar *je ne sais quoi* of the "great Russian palaces"; the former conserving the cosy intimacy of a large English cottage, deceptively at ease and, paradoxically, extremely impressive.

The Normandy is a bit lost in time: to give it a more trendy aspect, I deliberately disconnected it from a number of contemporary references. It is like the beautiful house we all dream of for ourselves – or perhaps for our relatives – with a collection of false wood panelling and working fireplaces. The large dining room – a winter garden with its neo-Adams flair – seemed to be a must.

The expansive yet simple rooms are all decked out in printed cotton fabrics – and all devoted to the notion that we can still enjoy fulfilling, family holidays by the sea. There is no panache here, but lots of charm: Toile de Jouy fabrics which I like so much, with wall hangings that go with them, and that striped fabric associated with the beach and relaxation on the chairs and underneath the wainscoting.

Le casino : Pour moi, un casino, c'est avant tout deux mondes qui se confrontent, a priori inconciliables : d'un côté le luxe abstrait des grands jeux, de l'autre le scintillement facile des machines à sous. J'ai dû réconcilier cette dualité, nécessaire à la réussite commerciale de l'endroit. Comme disent les Suisses : l'argent va à l'argent et réciproquement.

C'est ici, à Deauville, que je suis, pour la première fois, intervenu sur des lieux publics. Au départ, mes amis Diane et Dominique Desseigne m'ont attiré dans une voie qui paraissait étrangère à mon univers de collectionneur et d'amateur d'art. Tous ces lieux destinés au public semblaient, à première vue, extérieurs au type de culture que je m'étais habitué à mettre en valeur. En fait, c'est parce que j'ai trouvé dans leurs établissements un vrai patrimoine en partie déclassé, c'est parce que j'y décelais de beaux restes qui me touchaient et parlaient à ma sensibilité, que je me suis laissé convaincre de réinventer ces lieux de rêve et de leur rendre un lustre sans lesquels ils se meurent.

The Casino: A casino represents two contrasting worlds that are inherently irreconcilable: the world of the abstract indulgence of gambling; the other, the easy glitter of the gaming machines. I had to reconcile this duality, so vital to the establishment's commercial success. As the Swiss say: money attracts money and vice versa.

It was at Deauville that I had my first public commission. My friends Diane and Dominique Desseigne were the ones to set me on this path, which seemed strange to my world of art lovers and collectors. I initially found the public domain completely at odds with the type of culture I was accustomed to. Yet what convinced me to redesign these wonderful places and bring them back to life was that they represented a cultural heritage that had lost its class. And that I discerned such beautiful vestiges in them – remnants which touched me and spoke to my sensibilities.

LA TOUCHE FINALE : Dans un casino le grand jeu, comme ailleurs le billard, me paraît indissociable de l'abat-jour …
J'en ai rétabli quantité à Deauville, ce qui n'a pas été sans poser d'épineuses difficultés du point de vue de la sécurité ; il ne fallait pas, en effet, que mes abat-jour, de grande taille, viennent limiter le rayon d'action de la vidéo-surveillance…

THE FINISHING TOUCH: At the casino, gambling, like billiards elsewhere, seems to me to be forever associated with large lampshades. I restored a number at Deauville, which was a prickly affair from the point of view of security. In effect, the size of my shades was restricted by the range of the video surveillance situated over the gambling tables.

MAJESTIC

hôtel majestic

PALACE-PALACE

PALACE-palace

adresses addresses

La Réserve
301, route de Lausanne
1293, Bellevue
(c. de Genève)
022 959 59 59

Danube
120 West Broadway
New York
NY 10013
212 791 3771

Le Paris
93, avenue
des Champs-Élysées
75008 Paris
01 47 23 54 37

L'Avenue
41, avenue Montaigne
75008 Paris
01 40 70 91 97

Le Passage
1, East Oak Street
Chicago
IL 60611
312 255 0022

J'aimerais ici rendre hommage à l'ouverture d'esprit de l'hôtelier, qui m'a laissé concevoir un éclairage discret, et s'est prêté volontiers à l'établissement d'une charte réglant tout une bonne fois, de la taille des bougies à la composition des bouquets de roses fraîches. Ayant adopté une « position de tir », Jean-Louis Costes n'en déroge plus ; c'est cette rigueur qui autorise ensuite toutes les souplesses... C'est d'ailleurs au maître des lieux que reviennent des initiatives aussi hardies, par exemple, que le choix de Pompouniac pour la création des ambiances musicales.

La façon de se comporter évolue avec le temps. S'il est nécessaire que les modes vestimentaires accompagnent ces changements, il est tout aussi important que les décors acceptent de les refléter. En vérité, il existe un savant et mystérieux échange entre le mode de vie des gens et les décors où il s'épanouit. Ce qui me plaît, dans cet échange, c'est que l'environnement puisse forger et modifier le comportement des êtres. Il est certain que l'on est d'autant plus enclin à la politesse, à l'élégance, au raffinement, que les lieux eux-mêmes sont agréables, et que le cadre paraît prolonger le geste. Il appartient aux décors de mettre en valeur les personnes, et de leur donner les moyens d'aller puiser en elles ce qu'il y a de meilleur.

which meant we could draw up a charter regulating everything once and for all, from the size of the candles to the composition of the bouquets of roses. Having chosen his "shooting position", Jean-Louis Costes sticks to it. It is because of this precision that you are free to take all the other liberties. And in fact it is the master of the house who must take credit for such bold initiatives as the choice of Pompouniac for the creation of musical ambiences.

The way we behave changes with the times. Sartorial fashions must follow these changes, but it is just as important that decoration should be prepared to reflect them. Indeed, there is a subtle and mysterious interplay between people's ways of life and the settings in which they flourish. What I like about this exchange is that the environment can shape and modify people's behaviour. There can be no doubt that one is more inclined to be polite, elegant and refined if the setting itself is pleasant and one's surroundings are like an extension of one's actions. The role of the decor is to bring out the best in people, and to give them the means to find what is best about themselves.

l'ai tiré vers l'exagération Second Empire. Après tout, la première grande hôtelière française n'a-t-elle pas été l'impératrice Eugénie ? C'est précisément ce « style impératrice », le plus hybride qui soit, qui m'a servi de référence ici. Éclectisme jubilatoire, fourmillant d'emprunts et de citations, et dont le télescopage fait justement tout l'intérêt.

Le grand défaut du rez-de-chaussée était l'absence de circulation intérieure. J'ai remédié à cette lacune en gagnant sur la cour deux coursives de pierre, elles-mêmes reliées par des verrières élégantes. Les zones ainsi ménagées facilitent la transition entre des espaces très marqués, et qui ne pourraient se succéder sans provoquer un effet de saturation. Quatre salons principaux se partagent le rez-de-chaussée : le *Mérimée*, traité néo-Louis XVI, le *Gounod* tapissé d'un herbier, le *Lesseps* aux colonnes égyptisantes, et le *Morny*, avec sa cheminée monumentale. Le petit salon chinois pourrait être, pour sa part, un hommage à la fameuse Ambassade de Siam…

Pour le mobilier, je souhaitais inventer un gros fauteuil confortable et bizarre, qui soit un peu la signature du lieu ; partant d'un document ancien, j'ai eu l'idée de cet accoudoir détaché, que l'on a appelé *Hortense* par référence à la mère de Napoléon III qui en possédait de similaires. De même, les canapés à dossier droit sont des interprétations de modèles datant du Second Empire. Enfin et surtout, les tables tripodes sur lesquelles on déjeune possèdent à dessein un plateau peu élevé – en harmonie avec l'assise basse des sièges –, de sorte que l'on ait toujours plus ou moins le sentiment de prendre un en-cas en passant, de manière informelle… L'esprit « Costes », c'est le contraire de l'officiel.

Eugénie France's first great *hotelière*? And it was this "Empress style" that I enjoyed exploring here. It has a joyous eclecticism, teeming with borrowings and quotations. It is precisely this telescoping of styles that makes it interesting.

The great drawback of the ground floor was the lack of internal movement. I remedied this by putting in two stone walkways in the old courtyard, which were linked by elegant glass passages. The zones thus created ease the transition between spaces whose strong personalities could not be immediately juxtaposed without creating an effect of saturation. Four main salons share the ground floor: the *Mérimée*, given a Louis XVI treatment; the *Gounod*, with a herbarium decor; the *Lesseps* with its Egyptian-style columns; and the *Morny*, with its monumental fireplace. The small Chinese salon off this area is a homage to the famous Siamese Embassy.

As for the furniture, I wanted to create a big, comfortable and bizarre armchair that would be like the hotel's signature. Taking an old document, I had the idea for this detached elbow rest, known as the *Hortense* in reference to Napoleon III's mother, who owned similar pieces. Likewise, the sofas with their straight backs are reinterpretations of Second Empire models. Finally, and most importantly, the tripod dining tables are deliberately low, as are the accompanying chairs, so that to some extent you always feel that you are taking a snack on the hoof, informally. The "Costes spirit" is the opposite of official.

Here I must pay homage to the hotelier's open-mindedness, in allowing the discreet lighting, and his rigour,

L'ANECDOTE : Le jour où j'ai
découvert l'ancien hôtel,
je patientais dans la cour quand
Jean-Louis Costes est arrivé.
« Alors, m'a-t-il demandé,
comment trouvez-vous l'endroit ?
– J'adore !
Ma réponse l'a choqué :
– Écoutez, me dit-il, c'est mal parti.
À quoi j'ai répondu :
– Ce que j'adore, ce n'est pas ce que
je vois, c'est ce que j'imagine. »
Et je lui ai croqué, en cinq minutes,
la cour telle qu'elle allait devenir.

ANECDOTE : The day I went
to the old hotel, I was waiting
in the courtyard when Jean-Louis
Costes arrived. "So", he asked,
"what do you think of the place?"
"I love it!"
My answer took him by surprise.
"Listen", he said, "it's not looking
very good." To which I replied:
"What I love is not what I see,
it's what I can imagine."
And, in five minutes, I had made
him a sketch of the courtyard as
I imagined it would be.

Tout est venu de ma rencontre avec Jean-Louis Costes. Il avait aimé certains de mes décors privés, et désirait me consulter à propos d'un hôtel qu'il venait d'acquérir avec son frère, rue du Faubourg Saint-Honoré. Je me suis donc retrouvé, par un beau matin, dans la cour de *l'hôtel de France et Choiseul*. L'immeuble, des plus ordinaires, n'avait ni grâce, ni charme ; il me paraissait le produit caricatural de trente années d'une gestion hôtelière soi-disant commerciale.

D'importantes modifications s'imposaient dans la cour centrale, axe et noyau des lieux. Il fallait notamment ramener cinq étages à deux niveaux visibles, le reste étant escamoté par divers artifices d'architecture. En élevant un étage très haut depuis le rez-de-chaussée, en remontant les fenêtres du deuxième pour les amener aux proportions d'un étage noble, et en ramenant celles du troisième aux dimensions d'un attique de palais romain, j'allais créer un effet monumental. Il suffisait de séparer ce troisième étage des deux autres à l'aide d'une épaisse corniche, pour donner le sentiment d'un ancien hôtel particulier, rehaussé de deux étages au XIXᵉ siècle…

Autant dire qu'avec une cour revue de cette façon, il n'était pas question, pour les décors intérieurs, de faire dans le design ! Il aurait été misérable de tenter de faire « zen » ici ; le « zen », cela convient à la rigueur aux grands espaces ; pas à des chambres de taille moyenne. Quant aux salons, j'y ai conservé le peu de décor qui se tenait, et

It all came from my meeting with Jean-Louis Costes. He liked some of my private decors and wanted to ask my advice about a hotel that he and his brother had just bought on the Rue du Faubourg Saint-Honoré. So, one fine morning I went to meet him in the courtyard of the Hôtel de France et Choiseul. The building was extremely ordinary. It had neither grace nor charm. To me it looked like the caricature you would get after thirty years of so-called "commercial" hotel management.

Important changes were called for in the central courtyard, which is the axis and core of the place. For example, the five floors needed to be reduced visually to two levels, with the others being hidden by various architectural tricks. By raising up a very high storey from the ground floor, by raising the windows of the second floor so that they had the proportions of a *piano nobile*, and by reducing those of the third floor to those of an attic in a Roman palace, I created a monumental effect. It was enough to separate this third floor from the two others by means of a thick cornice to give the impression of an old townhouse that had had two floors added on in the 19th century.

Once the courtyard had been reworked in this way, going for a "design" interior was obviously out of the question. Trying to make this place "zen" would have been pathetic. "Zen" is suited to the rigour of big spaces, not to medium-sized rooms. As for the reception areas, I kept what little decoration they had and pushed it in the direction of Second Empire excess. After all, wasn't the Empress

hôtel costes

LE CONTRAIRE
DE L'OFFICIEL
THE OPPOSITE
OF OFFICIAL

L'ANECDOTE : J'espérais que
les transformations opérées
n'affecteraient pas la personnalité
des chambres les plus mythiques.
Les larmes de Jean-Claude Brialy
retrouvant le décor de Mistinguett,
celles des Amis d'Oscar Wilde
dans la chambre de l'écrivain,
m'ont rassuré là-dessus, et prouvé
aussi que c'est l'esprit qui compte
et non pas la matière
dans laquelle il s'incarne.

ANECDOTE : I was hoping that
the transformations made here
would not affect the personality of
the most mythical rooms.
Jean-Claude Brialy's tears when
he saw the decor of Mistinguett's
room, and those of the Friends of
Oscar Wilde when they saw his,
reassured me on that score
and proved that it is the spirit that
counts and not the material into
which it seeps.

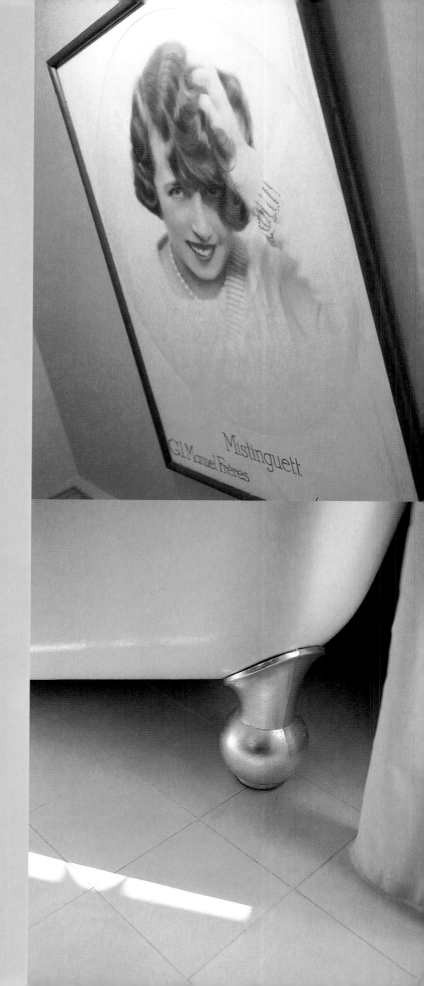

LA TOUCHE FINALE : Dans
la chambre qu'avait occupée
Oscar Wilde, j'ai placé des toiles
peintes copiées sur celles
dont il avait décoré sa maison.
Il était pauvre et malheureux,
à l'époque de son séjour ici ;
disons que j'ai voulu, par ce
morceau de munificence, lui offrir
une petite revanche posthume.

THE FINISHING TOUCH: In the
room occupied by Oscar Wilde
I put copies of the paintings with
which he decorated his house.
He was poor and wretched when
he stayed here. Let's just say that,
with this munificent act, I set
out to give him a small piece of
posthumous revenge.

Le jeu sur les couleurs est peut-être plus important ici que dans d'autres lieux publics. En usant et abusant des indigo, des vert bronze, des orange feu, en jouant sur une palette de couleurs secondaires volontairement tirées vers le sombre, j'ai tenté de croiser des références antiques et modernes – dans un esprit finalement Renaissance ; surtout, j'ai voulu favoriser la recherche d'un confort, la volonté d'un mystère et – paradoxalement – la quasi-certitude d'une surprise.

Le grand défi, à *l'Hôtel*, c'était d'avoir à composer conjointement une vingtaine de chambres très différentes, contrastées même, pour ne pas dire contrariées. J'ai renforcé ce côté disparate, en multipliant les inspirations hors de toute rationalité. Pas moins de trois-cent soixante références ont été employées pour ce chantier qui, à certains moments, faisait penser à un travail d'épicier – que dis-je ? d'apothicaire ! J'ai finalement traité le tout comme une collection de haute-couture, chaque modèle se démarquant du précédent tout en gardant un fil conducteur – le fil d'Ariane de ce labyrinthe en hélice... Le principe-même de l'endroit, c'est de venir y coucher vingt fois mais jamais dans la même chambre.

L'Hôtel, en fin de compte, ne peut faire tenir ensemble tant d'inspirations centrifuges que si l'esprit souffle en ses murs ; voilà pourquoi un tel lieu n'est viable que tant que l'idée qui l'anime n'a pas été gâtée, meurtrie, étouffée par je-ne-sais-quelle dégénérescence bourgeoise .

The play on colours is perhaps more important than in other public places. By using and abusing indigos, bronze greens and flame oranges and playing on a deliberately darkish palette of secondary colours, I attempted to combine ancient and modern references in what is ultimately a rather Renaissance spirit. Above all, I was trying for something that was compatible with comfort, the desire for mystery and, more strangely perhaps, an almost certain effect of surprise.

The great challenge of L'Hôtel was to compose twenty very different, contrasting and even contradictory rooms. I emphasised this disparity by putting in all kinds of very irrational ideas. No less than three-hundred-and-sixty references were used in this project which, at times, was like the work of a grocer or, better, an apothecary! In the end I treated the whole thing as a haute couture collection – each model different from the one before but with a common thread – the Ariane's thread of this spiral labyrinth. The principle of the place in fact is to come and sleep here twenty times, but never in the same room…

L'Hôtel can only keep so many centrifugal aspirations together if there is a spirit at work within its walls. That is why such a place can only be viable if its animating spirit has not been spoilt, wounded, suffocated by who knows what bourgeois degeneration.

L'ANECDOTE : Pour lancer la brasserie, j'avais osé, en plein carrefour d'Auteuil, une énorme banne blanche gansée de léopard ! On aurait dit le décor audacieux et fragile du mariage grandiose d'un Napoléonide – avec un grand traiteur aux buffets et Pierre Celeyron comme chef d'orchestre !

ANECDOTE: To launch the brasserie, I boldly created an enormous white leopard-trimmed awning with silk cord in the middle of the road in Auteuil! One would have thought of the audacious yet fragile decor as something straight out of a grandiose Napoleonic wedding – with the gourmet caterer manning the buffet and Pierre Celeyron leading the orchestra!

LA TOUCHE FINALE : Les shakos qui ornent la salle sont le résultat d'un concours que je m'étais permis de lancer entre les tapissiers, avec pour seul mot d'ordre : « lâchez-vous complètement ! » D'où cette surenchère dans l'extravagance, qui colle assez, je trouve, à l'esprit de l'endroit.

THE FINISHING TOUCH: The shakos adorning the room are the result of a little competition I organised among the tapestry designers, with only one constraint – to let it all hang out! Hence, the voluptuous extravagance, which fits so well, I think, with the spirit of the place.

Toucher à un mythe : voilà bien une expérience impossible – en tout cas dangereuse entre toutes. J'avais connu les pires difficultés dans mon travail sur le *Fouquet's* ; curieusement, ici, je me suis tout de suite senti chez moi. À croire qu'il est facile, et même enivrant, de chercher à se fondre complètement dans les univers de Wilde, de Mistinguett, et des légendes rattachées à ces murs…

L'ancien décor, au vrai n'existait plus ; mais du moins je pouvais m'accrocher à la carcasse de ce puits de lumière idéal, attribué par certains à Ledoux lui-même, et dont les dégradations d'usage n'avaient pas altéré la force géniale. Les restaurateurs successifs avaient cru devoir s'inscrire en retrait sur une telle création ; tout au contraire, je me suis exprimé en égo sans complexe sur cette architecture inspirée ; et j'ai plongé l'ouvrage dans une coloration novatrice – mais qui puisait à la source antique.

Toutes sortes de bureaux et d'offices avaient fini par envahir l'espace au rez-de-chaussée, et débouchaient, tout au bout, sur une grande pièce aveugle ayant pris corps dans le jardin primitif. J'ai fait table rase de l'ensemble, et remplacé tout cela par une succession de petits salons en enfilade centrale, conduisant noblement à une verrière qui remplace avantageusement les trois quarts du jardin et donne elle-même sur la jolie fontaine attribuée, elle aussi, à Ledoux – et placée là en tout cas depuis l'origine. Cela crée un sentiment de « zoom avant » assez engageant.

Tampering with a myth. It's an impossibly tall order, or at least as dangerous as you can get. I ran into incredible difficulties when working on Fouquet's. Oddly enough, though, here I felt at home straight from the start. As if it was easy, and even exhilarating to blend in, to try to become a part of the world of Wilde and Mistinguett and all the legends who have stayed between these walls.

In fact the original decor was pretty much gone. But I could at least use the carcass of this ideal well of light, which some have attributed to the great Ledoux. Its superb inventiveness had not been erased by time's wear and tear. Successive restorers had felt obliged to take a restrained approach to such a creation. I, on the contrary, let loose my uninhibited ego on this inspired piece of architecture, immersing the structure into a new world of colours, albeit one that drew on ancient sources.

The ground floor space had become cluttered up with all kinds of offices and service rooms, ending with a large viewless room that had taken root in the primitive garden. I got rid of all that and replaced it with a succession of small rooms linked by central doorways and leading nobly to a glasshouse which was an improvement on the garden and itself gave onto a handsome fountain, also attributed to Ledoux, which had stood there from the beginning. This created a fairly alluring "zoom-in" effect.

L'ANECDOTE : Pendant tout le chantier, Jean-Louis Costes m'a fait part de ses doutes sur ce décor un peu appuyé ; est-ce que, après tout, cela n'était pas trop ? Un beau jour, lassé, je lui ai désigné l'Arc de Triomphe qui domine le quartier : « Et ça, ai-je demandé, ce n'est pas 'trop', peut-être ? » Il a souri et n'a plus émis de réserve…

ANECDOTE: During the installation, Jean-Louis Costes expressed his doubts over the somewhat heavy decor to me. Isn't it, after all, a little over the top? One day, exasperated, I pointed at the Arc de Triomphe dominating the area. "And that, I asked, isn't 'a little over the top'?"
He smiled and never mentioned it again.

LA TOUCHE FINALE : Il me paraissait qu'un touche-touche de silhouettes donnerait à tout cela un petit air d'Europe centrale, voire orientale, qui collait parfaitement avec la Grande Armée… Mais pour respecter la vision décalée de l'ensemble, j'ai voulu que ces silhouettes soient réalisées « inversées », c'est-à-dire clair-sur-sombre.

THE FINISHING TOUCH: It occurred to me that an interplay of silhouettes would give a hint of Central even Eastern Europe, which fits perfectly with the Grande Armée. But in order to respect the off-beat vision of the whole, I wanted the silhouettes to be inverted, that is, light on dark.

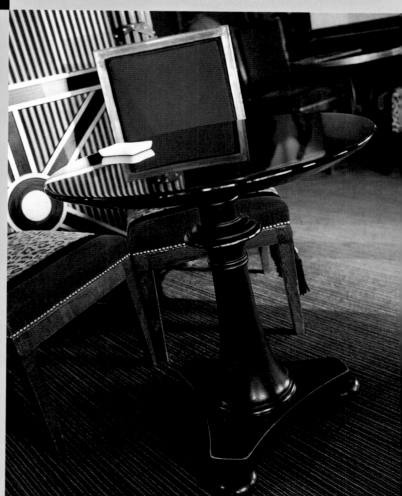

Tout était dit. Ne manquaient guère que les soldats eux-mêmes, que je me voyais déjà peindre grandeur nature pour rappeler que, sans eux, rien de tout cela n'aurait eu de sens. Puis je me suis appliqué à décaler le tout – qui aurait pu passer, sans cela, pour un pastiche militaire – en imposant partout de grands à-plats de cette teinte bleue qui est pour moi l'évocation de l'espoir même. L'espoir à travers la douleur. Je ne sais si tout le monde la reçoit ainsi…

Enfin, j'ai passé des moments très drôles à créer un concentré de style Empire : appliques en têtes de lions, croisillons sur les sièges, et jusqu'aux boutons de guêtres… C'est tout une gamme de références qui concourt ici à créer, non pas une impression d'Empire, mais une référence assez forte pour justifier mes propres extravagances.

It was all so clear. All that was missing were the soldiers. I imagined myself painting life-size portraits to recall that without them, none of this would make any sense. Then I decided to off-set the whole thing – which otherwise might have passed for a military pastiche – by imagining expanses of that wonderful tint of blue which to me evokes hope itself – the hope brought out by suffering. Although I don't know if everyone sees it that way.

Finally, I spent some amusing moments whole-heartedly subverting what some would call Empire style – lion's head appliqués, latticework on the seating, even buttons from spats. It's a whole series of references which come together to create not an impression of Empire, but a strong enough reference to justify my own extravagance.

barsey-hyatt

COMME UN GOÛT
D'INACHEVÉ
AN UNFINISHED
FEELING

BAR
SE
Y
HY
AT
T

Certains succès vous collent à la peau, ils vous condamneraient presque à la redite quand ce n'est pas au pastiche. C'est un peu ce qui m'est arrivé ici, puisque le commanditaire m'avait demandé, de manière explicite, de m'inspirer pour son hôtel de ce que je venais de faire à Paris chez Costes. Peut-être que si j'avais eu carte blanche, je n'aurais pas, quant à moi, adopté ce parti pris dans un bâtiment sans doute trop moderne pour cela, et pas assez volumineux.

Afin de retrouver une hauteur sous plafond raisonnable dans le hall, j'ai choisi de supprimer une ou deux chambres et de rehausser le vestibule d'un étage complet, ce qui rétablit une relative monumentalité. Je disposais par chance de deux belles toiles du XIXe dans le goût italien, jadis commandées pour Chenonceaux et qui logeaient exactement dans les vastes panneaux de l'entrée ; le moins que l'on puisse dire est qu'elles auront contribué à transcender les lieux. Je suis de ceux qui pensent qu'en l'absence d'éléments forts ou de points d'ancrage, il est toujours salutaire d'en créer, même de toutes pièces.

D'une façon plus générale, je me suis fait fort de traiter l'établissement comme s'il s'agissait, non d'un bâtiment moderne à transformer intérieurement, mais d'un vieil endroit récemment englobé dans une d'enveloppe neuve. D'où la volonté débridée de m'abstraire de la base – ce qui représente la démarche inverse de celle qui m'est coutumière.

Si le résultat peut évoquer, au final, un mini-Costes à la façon belge, du moins n'est-ce pas sans y ajouter une onde « Mittel Europa » plus présente qu'il ne paraîtrait à première vue : j'ai voulu retrouver ici un peu de cette ambiance de ces thermes fascinants dont les Hongrois se sont fait une spécialité.

Certain successes can't be shaken off, they almost condemn you to repetition if not pastiche. Something like that happened when a client asked me, very explicitly, to draw my inspiration from the hotel I had just done in Paris for the Costes. As for me, if I'd been given a free hand, I would have taken a different course with this building, obviously too modern and lacking in volume. In order to achieve a workable ceiling height in the entry hall, I chose to eliminate one or two rooms and heighten the vestibule by an entire floor, which gave the entryway a relative monumentality. Just by luck I had two fine 19th century Italianate paintings, which were once commissioned for Chenonceaux and fit perfectly in the vast panels of the entryway; the least that can be said is that they will have contributed to transcending their surroundings. I tend to believe that in the absence of strong elements or anchorage points, it is always permissible and often advisable, to create them, even out of nothing.

In a more general way I was determined to treat the place, not as if it were a modern building to be remodelled inside, but on the contrary, as if I were dealing with a very old place recently wrapped up in new trappings. From there came my unrestrained desire to pull back from the start – which is the opposite of my usual way of proceeding.

In the end, the result might evoke a mini-Costes in a Belgian fashion, without mentioning the touch of "Mittel Europa" more present than it might seem at first glance – I wanted to bring back a bit of that ambience of those fascinating spas which Hungarians have made a speciality of.

Au lieu de proposer un palace de plus dans une ville qui en compte un certain nombre, j'ai préféré travailler à l'idée d'un hôtel décalé. C'est moins Cannes en soi qui m'aura inspiré, sans doute, que la présence, juste là, sous les balcons, de cette Méditerranée qui, à mes yeux, fait figure de source absolue. C'est donc un retour au bassin méditerranéen que j'ai souhaité proposer, à travers des évocations volontiers antiquisantes : tour à tour l'Égypte des atlantes du bar, la Grèce des statues antiques du hall, l'Étrurie des fresques du *Fouquet's de* Cannes…

Pour les extérieurs je souhaitais à tout prix sortir des blancs cassés balnéaires trop habituels. D'où ces éclairages multicolores, volontairement acidulés, qui confèrent à la façade vers le soir des allures de rêve noctambule. Ces jeux de projecteurs soulignent brillamment l'architecture début de siècle dans son élégance un rien fantasque. Quant aux verrières occupant le rez-de-chaussée de l'hôtel, je les ai traitées faux-bronze à l'antique. Elles nous plongent dans le sentiment d'une Pompéï surdimensionnée, et prolongent hardiment un hall saturé d'arcades, de pilastres et de colonnes peints à la romaine… L'alchimie s'opère dès lors entre un passé millénaire et le plus actuel des présents ; ainsi, dans la salle-à-manger, les portraits de célébrités du XXᵉ siècle a pris la place des effigies plus éternelles d'ancêtres étrusques ; cela aussi, c'est très « palace-palace », comme on dirait dans une émission célèbre et qui m'a sans doute inspiré…

La Villa des Lys se veut hommage discret aux joies de la dégustation. Il y a là un souci délibéré de retrait dans le décor, par rapport aux vraies créations qui demeurent d'ordre culinaire. Je me suis autorisé seulement à enchâsser les saveurs dans ces matières absolues que sont la soie et l'or…

I didn't want to propose another palatial residence in a town where so many already exist, so I opted for something in a more off-beat style. It's not so much Cannes that gave me the idea, but the presence of the Mediterranean just beneath its balconies, which to my eyes emerges as the primordial fountain. I wanted to propose a return to the Mediterranean basin expressed through the allures of antiquity: Egyptian-style telamones in the bar, Greek statues lining the halls, or the Etruscan frescoes of the Cannes Fouquet's.

I wanted to avoid the too typical white exteriors of the seaside resort, which explains the deliberately acidulous multicoloured lighting that in the evening lends the facades an aura of a nocturnal reverie. The play of the lighting underscores the turn-of-the century architecture and its fanciful elegance.

I gave glassed-in terraces on the ground floor a "faux bronze" antique style. They are like a larger-than-life Pompeii, and prolong a hall crowded with arcades, square pillars and columns painted to look Roman. There is a sort of alchemy at work here between the ancient past and the extremely modern which can be seen in the dining room, where portraits of the century's celebrities sit in for the more eternal effigies of their Etruscan ancestors. That too is very "palace-palace", to use a celebrated talk-show remark, which no doubt inspired me.

The Villa des Lys pays discreet homage to the joys of gastronomy. I deliberately went for an understated decor out of respect for the true creations which are of a culinary order. I simply allowed myself to envelope these savours in the noble materials of silk and gold.

LADURÉE

ladurée

Un salon de thé

pour la Païva

A tearoom

for the Païva

J'aurais pu, comme le propriétaire en avait manifesté le souhait, singer un vieux *Ladurée* essoufflé. J'ai pris un parti très différent, qui s'est imposé à moi à travers l'image que j'avais de la Païva – la plus célèbre locataire des Champs-Élysées – avec cet hôtel presque voisin de l'établissement, actuel asile d'un grand cercle parisien. J'ai donc conçu un salon de thé pour la Païva. Pourquoi faire un *Ladurée* pour petites bourgeoises quand on pouvait faire un *Ladurée* pour grande parvenue ?

Je voudrais quand même rappeler que tout cela partait de *Japan Airlines*, autant dire d'un immeuble entièrement bétonné dans les années 1980 et ne conservant plus aucun décor d'origine. Aucune contrainte administrative *a priori*, pas même d'obligation esthétique : ici la création pouvait être débridée.

Encore fallait-il, pour en arriver à ce que l'on peut voir aujourd'hui, que le commanditaire ait eu à sa disposition des hangars entiers de boiseries peintes dans un esprit néo-Louis XIV, de ferronneries magnifiques, de bronzes, de marbres, de vitraux... C'était, pour le chantier, une réserve inespérée.

I could have, as the proprietor obviously would have liked, aped a tired, old Ladurée. Instead, I took a completely different view, one that had been impressed upon me from the image I had of the Hôtel de Païva – one of the most intriguing establishments on the Champs-Elysées and now the meeting place of one of Paris's more exclusive social circles. So I came up with the idea of tearoom for the Païva. Why make a Ladurée for *petites bourgeoises* when you can make one for the *grande parvenue*?

I would like to point out nonetheless that it all started with Japan Airlines, a building that had been completely remodelled in the 1980s and stripped of all its original decor. There were no specific administrative constraints nor even any sort of aesthetic obligation, which made it an opportunity for unbridled creativity.

Still, in order to arrive at what we see today, it was necessary that the client had at his disposal a whole warehouse full of wood panelling painted in the neo-Louis XIV style, magnificent iron friezes, bronzes, marbles and stained glass... As far as refurbishing goes, this was a stockpile of treasures that could only be dreamed of.

LA TOUCHE FINALE : La cour
de l'hôtel est soutenue par
la charpente d'une piscine assez
vaste, que j'ai dû créer au sous-sol,
et dont les armatures métalliques
se veulent un clin-d'œil
à l'architecture audacieuse
de Baltard et de ses contemporains.
Avec ses alcôves drapées
et ses dépendances abritant
sauna et salles de sport,
ce séjour souterrain est un des
coins privilégiés de l'hôtel.

THE FINISHING TOUCH: The
courtyard of the hotel is supported
by the structure of a rather large
swimming pool that I had to put
in the basement, and whose metal
armatures are a nod to the bold
architecture of Baltard and
his contemporaries. With its draped
alcoves and adjacent sauna
and sports rooms, this underground
area is one of the establishment's
main assets.

L'HÔTEL

l'hôtel

COMME

UNE COLLECTION

DE COUTURE

LIKE A HAUTE COUTURE

COLLECTION

Moi qui avais aimé les *Rois Maudits*, à la télévision, j'ai imaginé ce que pourrait être le décor actuel d'un téléfilm médiéval. D'ailleurs, l'atmosphère « studio » – dans l'esprit des Buttes-Chaumont – est ici servie par la nécessité d'éclairer la plupart des pièces à la lumière artificielle, même en plein jour.

Je voudrais, au final, que l'hôte de ces lieux ait envie de se projeter dans un hors-temps apaisant, à la fois ancré dans le passé par un certain nombre de références histo-riques, et en prise sur le futur, par le traitement des formes et des matières. N'est-ce pas le seul moyen d'uti-liser aujourd'hui les idées d'avant-hier ? Le passéisme ennuie tout le monde ; il a détourné le public actuel de ce qu'il y avait de beau, de bon, de fort dans le passé ; et si certains se jettent à corps perdu dans l'art moderne, je crois que c'est parce que l'on n'a pas su leur montrer à quel point les vieilles choses peuvent encore être porteuses d'avenir.

I loved the old televised version of *Les Rois Maudits*, and so I tried to imagine what the modern set of a made-for-TV medieval drama would look like. In fact, the studio feel – in the spirit of classic French costume films – is heightened by the fact that most of the rooms need artificial lighting, even in the middle of the day.

Finally, I would like guests in these rooms to feel that they are in a place that is soothingly out of time, both grounded in the past via a number of historical references, and opening onto the future through its treatment of forms and materials. Surely, this is the only truly contemporary way of using ideas from the time before yesterday. The past for the past's sake bores everyone. And it drives the public away from what is beautiful, good and powerful in the past. If people throw themselves head first into modern art, I think it is because we have failed to show them that old things still have a lot of potential for the future.

Restait dès lors à décliner tout un registre de formes moyenâgeuses, revues et corrigées à la manière des peintres Troubadour : créneaux, quadrilobes, arcs brisés, frises en feuilles de chêne comme aux triforiums des cathédrales gothiques... Même la moquette devait reprendre un motif de planches découpées à la façon des bordures que l'on peut admirer sur certains manuscrits enluminés. J'ai voulu que l'ensemble du mobilier soit gainé et clouté – toujours dans des formes évocatrices de la même époque ; et j'ai choisi pour cela des mélanges d'étoffes volontairement contrastés, pour ne pas dire heurtés. C'est mon interprétation de l'ambiance qui devait régner, me semble-t-il, chez des seigneurs comme le duc de Berry, celui des *Très Riches Heures*...

Dans les chambres, certains murs se sont vu traiter en grands à plats unis et mats ; ces plages de couleurs denses sont un repos, entre des pans couverts de motifs et de rayures – indispensables à l'animation des pièces mais sciemment placés à la tête du lit pour ne pas fatiguer le regard. Ces chambres sont conçues comme des chambres d'amis, calmes et dépaysantes ; elles ont l'ambition de faire voyager leurs occupants non dans l'espace, mais dans le temps.

revisited and readapted in the manner of the Troubadour painters: crenellations, quatrefoils, Gothic arches, oak leaf friezes like the ones on the triforia of Gothic cathedrals – even the carpet would reproduce the panelled motif that can be admired on the borders of some illuminated manuscripts. I wanted the furniture to be upholstered and studded, with forms once again evoking the same period. For that I chose deliberately contrasting, perhaps even clashing mixtures of fabrics. That is my take on the kind of atmosphere that I think there must have been in the mansions of nobles such as the Duc de Berry, he of the *Très Riches Heures*.

In the bedrooms, some of the walls are in a plain, matt colour. These dense areas rest the eye as it moves between the surfaces covered with patterns and stripes, which play an essential role in enlivening the rooms, but which are placed deliberately at the head of the bed so as not to tire the gaze. The rooms are designed to feel like guestrooms, both calm and refreshingly different. They are designed to take guests on a journey not in space but in time.

L'ANECDOTE : Ce chantier a été mené
en deux temps ; j'ai d'abord refait les salons
d'accueil et le lobby, tout de suite en entrant ;
et c'est l'engouement de la clientèle
pour le nouveau style des lieux qui m'a donné
le courage et l'envie de pousser l'exercice
plus loin, dans les chambres et les couloirs
des étages.

ANECDOTE : This project was carried out
in two stages. First, right away, I redid
the reception rooms and the lobby. It was
customers' enthusiasm for this new look that
gave me the courage and the desire
to go further, to continue the exercise
in the bedrooms and the corridors on the
upstairs floors.

LA TOUCHE FINALE : Très particulières,
les lampes reprennent au départ une forme
classique, mais que je me suis amusé
à tirer vers la modernité grâce à une treille
de métal volontairement dérangeante.
Les abat-jour frangés en mille-fils créent
un jeu d'ombre et de lumière sur des couleurs
soudain habitées.

THE FINISHING TOUCH: The rather unusual
lamps are based on a classic form to which I
enjoyed giving a modern twist by adding
a deliberately surprising metal lattice.
The tasselled lampshades set up a play
of light and shade and make the colours
come to life.

Voilà un immeuble de rendement 1840, bourré de charme sans doute, mais qui ne se détache en rien de ce que l'on peut voir tout autour, dans le quartier parisien du Marais. On est loin de l'hôtel particulier, naturellement, mais aussi très loin de l'architecture des grands établissements du XIXᵉ siècle. Autant dire tout de suite que cet endroit se prêtait mal aux vastes aménagements. Aucun style, aucun espace, aucune perspective – rien ! Vers quoi tirer tout cela, si ce n'est vers un hôtel de charme entièrement voué à l'intimité ?

Longtemps, l'hôtel s'était appelé le *Rivoli-Notre-Dame*. Notre-Dame : ce nom, qui m'évoquait le chef-d'œuvre de Victor Hugo, m'a donné envie de puiser au répertoire médiéval. Et d'autant que la seule chose à conserver de l'ancien décor, c'était une porte d'entrée néo-gothique qui me semblait devoir donner le ton à tout le reste.

Je précise que je n'avais pas l'intention de faire ostensiblement dans le néo-gothique. Tout au plus, ai-je caressé l'idée de rendre hommage à Viollet-le-Duc, ce génie tellement décrié alors que sa puissance d'invention reste, à mon sens, inégalée. L'idée m'amusait, de faire entrer Viollet-le-Duc dans la modernité.

This rental property from 1840 certainly has loads of charm, but nothing to set it apart from its surroundings in Paris's Marais quarter. We are a long way here from the hôtel particulier of course, but just as far from the grand buildings of the nineteenth century. In other words, this was a place that hardly lent itself to major development. No style, no space, no perspectives – nothing! So what else could one do but tweak it into a charming hotel dedicated to privacy.

For many years the hotel was called the Rivoli-Notre-Dame. "Notre-Dame" – the name reminded me of Victor Hugo's masterpiece and made me want to delve into the medieval repertoire. Especially since the only thing worth keeping in the old decoration was a neo-Gothic entrance which set the tone for the rest.

Note that I had no intention of doing something ostentatiously neo-Gothic. At the very most, I was toying with the idea of paying homage to Viollet-le-Duc, that genius who has been vilified by so many people even though, for me, no one can compete with the power of his interventions. I really liked the idea of doing a modern-day Viollet-le-Duc. I needed to work out a whole register of medieval forms,

hôtel du bourg-tibourg

UN HORS-TEMPS
APAISANT
SOOTHINGLY
OUT OF TIME

BOURG
TIBOURG

LA TOUCHE FINALE : À propos
de la belle verrière de Boulogne,
la polémique était allée si loin
qu'elle m'a retiré tout scrupule.
Adieu le purisme : je me suis
permis de l'orner d'effigies
de femmes en fonte, à la romaine,
et d'une superbe guirlande
de lauriers.

THE FINISHING TOUCH: Concerning
the beautiful glass roof from the
Bois de Boulogne, the dispute went
so far that it stripped me of any
remaining scruples. Goodbye to the
purists. I decided to adorn it with
cast-iron effigies of women in
the Romanesque style and with a
superb laurel garland.

La verrière sur les Champs-Élysées m'a valu une polémique avec l'administration des Monuments historiques; pourtant il s'agit bel et bien d'une verrière classée elle-même, et déposée du bois de Boulogne où elle avait été installée au XIXe siècle pour l'impératrice Eugénie... Il était important, à mes yeux, de profiter de l'occasion pour rendre à ces Champs-Élysées quelque parcelle du lustre évanoui de leur temps. Cela peut paraître aberrant, mais je vous assure que certains trouvaient cela « trop beau » pour l'environnement... Vous avez dit « nivellement par le bas » ?

Je voulais faire du rez-de-chaussée une pâtisserie dans l'ancien genre, en utilisant de vieux éléments de table qu'aurait pu faire un Levasseur du XIXe – on est toujours chez la Païva –, accompagnés des bronzes d'un Caffieri de la même époque pour tout ce qui tenait aux luminaires.

L'escalier, créé à partir d'un dépôt des marbres de la célèbre salle des Rubens du Louvre, est une création de toute pièce. Il mène à un premier étage composé de toute une séquelle de salons, que j'ai surnommés « cocotte » pour faciliter le travail des détracteurs !

Aujourd'hui, mon ultime satisfaction chez *Ladurée*, c'est l'égarement flatteur des Américains et des Japonais qui le mitraillent avec leurs appareils photo, convaincus que c'est cette boutique-là, « la vraie ».

The glass roof on the Champs-Elysées got me into trouble with the Monuments Historiques, even though it is itself a registered historical monument originally installed in the Bois de Boulogne in the nineteenth century for Empress Eugénie. It was important from my point of view to take advantage of this opportunity to restore to the Champs-Elysées some of its original lustre. It may seem absurd, but I assure you some people found it too beautiful for the surroundings... You said, "levelling from the bottom up"?

I wanted the ground floor to be a *pâtisserie* worthy of the Second Empire using table service that could have been a nineteenth-century Levasseur – we are, after all, still at the Païva – accompanied by Caffieri bronzes from the same period for all of the lighting.

The stairway, built from marble recovered from the famous Rubens Room at the Louvre, is a singular creation. It leads up to a first floor composed of a series of salons, which I dubbed "cocotte" (tart) to make it easier for the critics.

Today, my ultimate satisfaction at Ladurée comes from the flattering bewilderment of the Americans and Japanese who, convinced they are visiting the original, bombard it with photos.

Pour rien au monde je ne me sentais l'âme d'un bistrotier – même de luxe. Avant la Grande Armée, l'idée de « relooker » un café m'aurait paru déplacée. Seulement, c'était compter sans le talent de Jean-Louis Costes pour convaincre les gens, quand il est sûr de quelque chose… Mon attachement à ses conceptions d'un lieu public m'avait conduit à accepter d'aller prendre quelques cafés serrés dans cet endroit s'appelant *Le Presbourg*, avenue de la Grande Armée – dans l'atmosphère la plus répandue des années 1970. Je me souviens très bien qu'après la énième tasse, par un après-midi d'hiver, j'ai vu apparaître face à moi, dans cette verrière glauque et même sinistre, l'Arc de Triomphe. Et moi qui – je tiens à le préciser – suis anti-militariste, j'ai reçu – si j'ose dire – la révélation ; et je me suis amusé aussitôt à imaginer là ce que pourrait être le refuge ultime des Grognards.

La verrière deviendrait une tente de campement, bardée de faisceaux de licteurs qui, comme par miracle, s'éclaireraient par le milieu. Une tente de campement, certes, mais dont la rayure serait si fine qu'elle en susciterait la jalousie de Joséphine, une tente dont les sièges seraient si bien parés de peaux de tigres qu'ils en feraient pâlir Murat lui-même…

Not for anything in the world would I want to run a bistro – not even an upscale one. Thus before the Grande Armée, the idea of redoing a café seemed out of the question. But I wasn't counting on the drive and determination of someone like Jean-Louis Costes to convince me. My penchant for his visions of public spaces led me to agree to having a few strong coffees at a place called Le Presbourg on Avenue de la Grande Armée, in a distinctly 1970s atmosphere. I still recall, on that winter afternoon, after my umpteenth cup of coffee, glimpsing the Arc de Triomphe through the gloomy, even sinister glass-encased terrace. And I, who – I must emphasise – am very anti-war, I had – if I dare say – a revelation. I imagined that this could have been the last refuge of Napoleon's old guard.

The terrace would be the tent at a bivouac, encased by the fasces of lictors, which by some miracle were lit from within. A camping tent of course, but one whose stripes would be so fine that it would elicit the envy of Joséphine; a tent with furniture so richly adorned with tiger's pelts that even Murat himself would blanch at its sight.

L'ANECDOTE : Ma grande idée,
pour le Majestic, était de donner
des couleurs à sa façade beaucoup trop
sage. C'eût été annoncer d'emblée
un parti-pris méditerranéen assez fort.
Las ! c'était compter,
une fois encore, sans l'obstination
des administrations qui n'ont rien voulu
savoir. Et c'est pourquoi j'ai dû me
rabattre sur ces éclairages un peu kitsch
qui, pour un pis-aller, me paraissent
aujourd'hui une solution idéale.

ANECDOTE: My key idea for the
Majestic was to give colour to
the facade, which was much too well-
behaved. It would have given a strong
Mediterranean tone right from the very
start. Yet once again, I had forgotten
about obstinate authorities, who would
hear nothing of it. That's why I had
to turn to the lighting as a quick fix,
which in the end, turned out to be the
ideal solution.

LA TOUCHE FINALE : J'ai repris,
pour les atlantes égyptiens du bar,
le modèle de ceux qui, au Champ-
de-Bataille, soutiennent la voûte
d'une bibliothèque retour
d'Égypte. Mais, dans cette pièce,
des transformations sont prévues
et bientôt, les atlantes de Cannes
perdront leurs jumeaux
de Normandie et retrouveront
un caractère unique.

THE FINISHING TOUCH: For the
telamones of the bar, I used a
model from my Champ-de-Bataille
home, supporting the arch
of an Egyptian-theme library.
But this room is slated
for renovation, and the Cannes
telamones will lose their Norman
twins, thus regaining their
uniqueness.

Ruc
159, rue Saint-Honoré
75001 Paris
01 42 60 97 54

Le Murat
1, boulevard Murat
75016 Paris
01 46 51 33 17

Medici
Augustaplatz 8
76530 Baden-Baden
07 221 2006

L'Esplanade
52, rue Fabert
75007 Paris
01 47 05 38 80

Fouquet's
99, avenue
des Champs-Élysées
75008 Paris
01 47 23 70 60

La Grande Armée
3, avenue
de la Grande-Armée
75116 Paris
01 45 00 24 77

Ladurée
75, avenue
des Champs-Élysées
75008 Paris
01 40 75 08 75

Barsey-Hyatt
381-383, avenue Louise
1050 Bruxelles
02 649 98 00

Hôtel du Bourg-Tibourg
19, rue du Bourg-Tibourg
75004 Paris
01 42 78 47 39

L'Hôtel
13, rue des Beaux-Arts
75006 Paris
01 44 41 99 00

Hôtel Costes
239, rue Saint-Honoré
75001 Paris
01 42 44 50 00

Lucien Barrière –
Casino de Montreux
9, rue du Théâtre
1820 Montreux
(c. de Vaux)
021 962 83 83

Hôtel Normandy
rue Jean Mermoz
14800 Deauville
02 31 98 66 22

Hôtel Royal
boulevard Cornuché
14800 Deauville
02 31 98 66 33

Lucien Barrière –
Casino de Deauville
2, rue Edmond Blanc
14800 Deauville Cedex
02 31 14 31 14

Hôtel Majestic
boulevard Croisette
06000 Cannes
04 92 98 77 00

Remerciements
Acknowledgements

Sabine Arqué, Brigitte Benderitter,

Daniel Besikian, Éric Boonstoppel, Louis Boutté,

Fabienne Butelli, Fabienne Capelli,

Jean-Loup Champion, Giovanna Citi-Hebey,

Jean-François Colau, Jean-Louis Costes,

Odette et Guy Costes, Mélina Crisostomo,

Alexandre Denis, Bruno Garcia, Arturo Gomez,

Philippe Grach, Philippe Jégou, Karine Le Berre,

Sandrine Legendre, Mario Lohninger,

Gilles Meillet, Laurence Peydro, Michel Reybier,

Véronique Rollman, Béatrice Ruggieri,

Anne-Sophie Salabert, Stella Sberro, Aude Schlosser,

Mehdi Sefrioui, Isabelle Seglio.

Toutes les photographies
ont été réalisées avec un appareil
Mamiya 645 AF.

Ouvrage réalisé par le studio Chine
pour le compte des Éditions Gallimard
Photogravure : Planète Graphique
Achevé d'imprimer en Italie par Eurografica
Dépôt légal : Septembre 2003
ISBN : 2-07-011749-9
N° d'édition : 121575